UM FRANCISCANO VAI À GUERRA

A SAGA DE FREI ORLANDO

SEBASTIÃO VIEIRA TEIXEIRA
IÊDA FREIRE TEIXEIRA

UM FRANCISCANO VAI À GUERRA

A SAGA DE FREI ORLANDO

CARIDADE — HEROÍSMO
Uma história baseada em fatos reais

Edições Loyola

Preparação: Maurício Balthazar Leal
Capa: Walter Nabas
Foto de Gabriel Blaj/© PhotoXpress
Diagramação: Ronaldo Hideo Inoue
Revisão: Renato da Rocha

Edições Loyola Jesuítas
Rua 1822, 341 – Ipiranga
04216-000 São Paulo, SP
T 55 11 3385 8500
F 55 11 2063 4275
editorial@loyola.com.br
vendas@loyola.com.br
www.loyola.com.br

ISBN 978-85-15-03987-6

À memória de
Iêda Freire Teixeira,
coautora deste livro,
esposa, mãe, amiga
e parceira por
mais de 50 anos.

Sumário

Introdução

Quando um ser humano se propõe ser um canal de serviço, Deus oferece múltiplas oportunidades para que se possa realizar um trabalho prático e útil onde e quando surge a oportunidade.

O sonho de se ter uma sociedade ideal é um objetivo permanente daqueles que dedicam suas vidas ao bem do próximo. Ao longo dos séculos, milhares de pessoas têm se empenhado, algumas com sacrifício da própria vida, por um mundo melhor no qual as pessoas, independentemente de nacionalidade, raça, etnia, religião, faixa etária, doutrina política, possam viver juntas e unidas por um mesmo ideal de fraternidade em paz e harmonia.

Antônio Álvares da Silva, o frei Orlando, órfão de pai e mãe na infância, que aos 5 anos — escondido — já separava parte do seu almoço para dar na boca de um leproso nas cavernas da cidade, sempre se caracterizou pela ação direta e contínua em todos os momentos da sua vida. Era o mesmo que na frente de combate na Itália e como capelão socorria e ministrava os primeiros socorros e os sacramentos tanto a soldados brasileiros como a alemães feridos. Antes, na histórica São João del-Rei, a cidade dos sinos e das lendas, já criara a Sopa dos Pobres, projeto que instalou e fez funcionar também na Itália em guerra, socorrendo e ajudando a população flagelada pelo conflito com alimentos que saía pedindo com um carrinho de mão aos soldados na hora do rancho e também ao depósito do Regimento.

Quando um homem está imbuído do bem e de amor ao próximo, ele deseja ansiosamente servir, esquecido de si mesmo e sem saber ou indagar donde veio e para onde vai, pois a sua alma está continuamente em comunhão com a alma alheia.

Deus escolheu o homem para expressar plenamente o poder de sua Luz, sua Vida e seu Amor; assim, pode a criatura humana escolher a senda que lhe permitirá uma expressão consciente desse triplo poder. Para levar a bom termo a escolha dessa senda a divindade lhe outorgou o livre-arbítrio.

Frei Orlando escolheu um único caminho, a caridade!

Este, no entanto, apresentou-se numa bifurcação que aparentemente exibia uma dicotomia: a ordem Franciscana e o Exército Brasileiro! E Antônio abraçou as duas carreiras, trilhando os seus pedregosos caminhos, certo de que a estrada era uma só. De fato, a sua curta vida, cheia de tropeços, sacrifícios e ações resolutas de solidariedade humana, levou-o aos altares como beato, futuro santo da Igreja Católica e herói militar patrono dos capelães no Exército Brasileiro.

Nascemos num mundo em andamento e num ambiente em que já estão prontos um sistema político, leis, religião, conjuntos de valores e todo o complexo de conhecimentos, informações e comportamentos esperados de cada um de nós. Crescemos sendo condicionados a pensar, falar e agir dentro de determinado arcabouço cultural.

Nada mais natural que Antônio fosse um franciscano, originário que era da modesta cidade de Morada Nova, no interior extremamente católico de Minas Gerais.

Assim que o pequeno órfão viu alguns seguidores de Francisco de Assis, nos seus desgastados hábitos marrons, pedindo alimentos e alimentando os famintos, cuidando das suas feridas, sorridentes, alegres e felizes no meio dos barracos das favelas, cercados de crianças e animais, defrontou-se com a primeira instituição a que dedicaria sua vida: a Igreja! Dias depois, não se conteve na sala de aula, exclamando para a professora antes de sair: "Dona Maria, vou sair para pegar o cavalo e ser frade!".

O futuro frei Orlando não tinha ainda 11 anos!

Anos depois, lá pelos idos de 1944, envolvido com as aulas que ministrava no Colégio de Santo Antônio, as atividades religiosas no convento e na paróquia, as visitas aos doentes e necessitados nas favelas, a Sopa dos Pobres, que criara em São João del-Rei, percorria as ruas da cidade: numa velha carroça, Orlando gritava, enquanto batia com uma colher de pau numa velha panela: "Muita boca e pouco prato! Muita boca e pouco prato! Ajudem a Sopa dos Pobres!". E ia recolhendo as doações em alimentos...

Foi então que também deparou com a outra instituição a que também dedicaria a sua vida: o Exército Brasileiro em tempos de guerra!

O 11º RI, de São João del-Rei, aprestava-se em partir para a Europa e participar da Segunda Guerra Mundial. Sem tomar conhecimento de que os capelães estavam abolidos no Exército desde a proclamação da República, frei Orlando irrompeu no quartel e no meio dos seus pobres e paroquianos — expedicionários — exclamou convicto para o comandante: "Eu também vou!".

Foi e morreu em combate quando partia para socorrer e assistir sua gente de Minas Gerais na tomada de monte Castelo pelos brasileiros, sendo sepultado, a seu pedido, com o hábito de franciscano sobre o uniforme verde-oliva do Exército.

Porém, a trajetória de vida de frei Orlando é extremamente rica de passagens emocionantes e repletas de exemplos de caridade, solidariedade, amor ao próximo e heroísmo em meio à singela irreverência daquele que "passou pela vida rindo" — como dizem os seus contemporâneos.

Durante a leitura deste livro, totalmente baseado em testemunhos pessoais e documentos oficiais, vamos desvendar a saga de frei Orlando. Esta é uma história real. Todos os fatos, acontecimentos e pessoas envolvidas realmente existiram, e algumas dessas pessoas ainda estão entre nós.

1

Assim tudo começou

1_ "Vai ser beberrão ou vai ser padre!"

Foi na vila, quase um povoado, da pequena Morada Nova, nas montanhas mineiras e na bacia do São Francisco, distante quinze quilômetros desse rio, que nasceu Antônio Álvares da Silva. A cidade, primeiro Morada Nova de Minas, depois Moravânia, para finalmente retornar à primeira denominação, fica a cerca de 65 quilômetros da atual barragem de Três Marias e a 260 quilômetros de Belo Horizonte. Sua origem prende-se aos idos das sesmarias do século XVIII, estabelecidas principalmente para o aproveitamento das terras ribeirinhas ao rio São Francisco para a agricultura e a criação de gado.

Por volta de 1800, dona Inácia Maria do Rosário, uma poderosa fazendeira estabelecida na região, construiu em suas terras uma capela, que posteriormente doaria, dedicada a Nossa Senhora do Loreto, para ali serem pregadas as missões por franciscanos vindos de Pernambuco. Depois, construiu um sobrado ao lado da capela para a morada dos frades nas ocasiões em que estivessem no local. Com o tempo, a rústica construção passou a ser denominada pelos religiosos "Morada Nova", e daí o nome se estendeu por toda a região.

Em 1913, ano em que nasceu aquele que mais tarde como frade adotaria o nome de frei Orlando, Morada Nova não era mais que uma pequena vila na imensa bacia que um dia, já no início da década de 1960, teria uma enorme área alagada pelas obras da represa de Três Marias.

Mas naquele início do século XX o vilarejo mal aparecia no mapa, muito embora fosse trilha conhecida por quem se aventurasse por aquelas bandas de Minas Gerais, principalmente com destino a Abaeté, já uma cidade e maior centro regional próximo. No mais, a população local era constituída por fazendeiros que mesclavam a agricultura com a criação de gado leiteiro.

O centro da vila resumia-se quase que só à rua central, por onde passavam tropeiros e viajantes, e a algum casario em torno da pracinha principal, onde estava a igreja. O limitado comércio estendia-se ao longo dessa rua, e para ela os forasteiros e também a população residente mais para o interior — nos sítios, onde estava a maior parte da gente do local — afluíam nos fins de semana, parando suas carroças e amarrando seus cavalos, burros e jegues de tropas diante das lojas.

Itagiba Álvares da Silva era um próspero comerciante para os padrões locais, pois possuía um armazém otimamente localizado na rua principal. Na realidade, o que chamavam de armazém, empório ou simplesmente de loja era um estabelecimento do mais diversificado, completo e abrangente comércio, que vendia tudo o que interessasse aos fregueses de "Seu" Itagiba. Assim, tanto poderiam ser encontrados desde produtos alimentícios, rações, ferramentas agrícolas, correame em geral para equipagem de animais, sementes agrícolas, fazendas e algum material de construção, como também armas e munições de caça, artigos para a pesca, querosene para a iluminação, lampiões e outros.

A relativamente boa situação financeira de Itagiba, devida ao sucesso dos negócios, colocava-o, no minúsculo universo da comunidade, como uma pessoa importante particularmente entre os comerciantes e moradores da área urbana. Assim é que tinha sido eleito juiz de paz e estava incumbido dos casamentos legais do vilarejo, onde depois do padre e do cabo de polícia, investido de delegado, era a maior autoridade.

No entanto, apesar da aparentemente cômoda situação financeira, Itagiba e sua família levavam uma vida simples, bem de acordo com os padrões conservadores e rigidamente católicos do interior de Minas Gerais. A comunicação com o mundo em geral era esporádica e difícil — o rádio apenas engatinhava e os jornais e revistas eram raros. As notícias chegavam mais frequentemente pelos viajantes, vendedores e mascates, que sempre eram cercados e ouvidos com atenção por todos. O padre e a Igreja eram as fontes de informações mais confiáveis de uma população que não faltava à missa de domingo na igrejinha de Nossa Senhora do Loreto. As estradas de terra batida eram as mesmas que tinham servido ao intenso fluxo das carroças, carros de bois, cavalos e tropas de muares na fase do ouro um século e meio antes. A estação ferroviária mais próxima estava distante alguns quilômetros, na localidade de Barra do Paraopeba, e era o trem o mais viável meio de transporte para o restante do estado e do país. Para chegar até lá qualquer viagem, qualquer deslocamento tinham de ser feitos de carroça ou a cavalo.

Um grande problema era, sem dúvida, a carência de médicos, principalmente nos casos de acidentes graves, ferimentos a bala — que não eram tão raros assim — e partos que se complicassem.

A casa onde residia a família Álvares da Silva ficava próxima ao armazém de "Seu" Itagiba e não se destacava das demais: um antigo e comum casarão, longo e simples, com pintura desgastada, uma comprida cumeeira e telhas portuguesas, com uma sequência de altas portas e janelas que davam para um terreno sem cercas, com chão de barro vermelho batido. Os móveis, igualmente simples e rústicos, eram apenas funcionais: além da longa mesa de jantar com bancos na sala, uma antiga cristaleira era tudo o que havia. Na cozinha, o enorme fogão a lenha, a mesa de madeira e um grande armário. No quarto do casal, no dos meninos e no das meninas, camas e um guarda-roupa.

A família do comerciante, prática comum na região, era numerosa, e sua esposa Jovita, aos 35 anos, em fevereiro de 1913, já era mãe de oito filhos: Itagiba, Jeová, José, Maria, Guaraciaba, Alice, Clara e Fausta, além dos três que, no dizer popular daqueles rincões, "Deus levara": Lígia, Olga e Alfredo.

Jovita Aurélia da Silva estava no último mês de gestação.

Naquela manhã de 13 de fevereiro de 1913, uma jovem entrou no armazém afobada e quase gritando: "Seu Ita, manda chamar depressa a siá Emília! Parece que a hora chegou!".

Itagiba compreendeu e imediatamente mandou que um de seus filhos fosse buscar com urgência a velha parteira. Minutos depois já andava, aflito, de um lado para o outro, tenso e preocupado, na sala da casa. As crianças tinham sido mandadas para o quintal, sob os cuidados do casal Sebastião e Ninita, compadres e amigos de longa data. Lá dentro do quarto do casal a parteira fazia o seu trabalho, e o silêncio só era quebrado pelo entra e sai de algumas mulheres com água quente e panos. Sebastião Teixeira Pinho, que era farmacêutico e algumas vezes se vira improvisado em parteiro, logo deixou as crianças aos cuidados da esposa, Ninita, para procurar acalmar o amigo. Alguns risos forçados, piadas — afinal era a décima segunda vez de Ita — procuravam disfarçar a verdade sempre presente num parto naquele interior sem médico: o grande número de mulheres que morriam nessas ocasiões. Os médicos eram raros e, como no caso, distantes. Além disso, as mulheres tinham normalmente oito, nove, dez filhos, o que era considerado coisa corriqueira.

Os pais se orgulhavam das famílias numerosas...

A garrafa de vinho do Porto não fora esquecida pelo comerciante para o brinde que se tornara tradicional. Logo, após cerca de uma hora, veio o choro, e em seguida a parteira, sorridente, entreabriu a porta do quarto e sussurrou: "É um rapagão, bonito e forte!".

Garrafa de vinho numa das mãos, acompanhado pelos compadres Sebastião e Ninita, que estavam na sala, taças na outra, Itagiba entrou no quarto com a alegria espelhada na face, distribuindo-as entre os presentes e abaixando-se emocionado até beijar Jovita no rosto.

Ela sorria, feliz.

Comovido, ele segurou entre as suas as mãos de siá Emília.

— Obrigado... obrigado, siá Emília...

Da mesma forma abraçou cada uma das duas mulheres que tinham auxiliado a parteira e que repetiam: "Graças a Deus! Graças a Deus!".

Começou então a abrir o vinho, enquanto o menino era aconchegado ao lado da mãe, que o beijou demoradamente.

— É bonito, não é, Ita? Olha que lindos olhos...

Itagiba aproximou seu rosto do recém-nascido, observou-o bem, tocou-lhe as faces rosadas com as pontas dos dedos... era um sorriso só. Ninita, comadre e melhor amiga de Jovita — e que depois de um ano viria a adotar o pequeno órfão —, perguntou, cheia de alegria:

— O nome, compadre... o nome... como vai se chamar o pequenino?

Itagiba tomou logo a frente, exclamando:

— Antônio, comadre! Antônio, que é o nome do meu pai... não está bom este nome, Jovita?

Jovita Aurélia da Silva, recém-saída de seu décimo segundo parto, aos 35 anos, sorriu aquiescendo. Então Itagiba serviu o vinho para todos e ergueram as taças num brinde.

Foi então que seu Ita, olhando para o menino, exclamou, numa previsão quase sobrenatural:

— Olhem como o garoto lambe os lábios... ou vai ser beberrão ou vai ser padre!

2_ A vida mostra sua face

A mãe do pequeno Antônio era daquelas esposas tão comuns na tradicional Minas Gerais do início do século XX que não nutriam maiores preocupações com a natalidade. Ter dez filhos ou mais era corriqueiro entre as mulheres do interior do Brasil da época, quando a gravidez decorria de forma natural, sem maior assistência médica ou acompanhamento pré-natal. E o parto acontecia quase sempre assistido por uma parteira ou por um farmacêutico prático.

Qualquer complicação era algo extremamente perigoso.

Em 1914, dona Jovita estava mais uma vez "esperando"... ela que já tinha dado à luz outros onze filhos nos seus 36 anos de idade. Porém, com intervalo de pouco mais de um ano do nascimento de Antônio, a gestação decorria de forma diferente, muito mais sofrida para a jovem mãe, que demonstrava com o transcorrer do tempo um enorme desânimo, além de fraqueza e palidez.

Todos notavam isso, principalmente Itagiba, que, contudo, sempre atarefado com seu comércio cada vez mais concorrido, se via levado a um desdobramento e a um empenho que quase sempre o levavam a varar a noite. Somado a outros afazeres e à quase rotina dos partos frequentes, isso o fez adiar por várias vezes a ida ao médico na cidade vizinha. Certamente ele foi o mais surpreendido naquele 29 de maio de 1914 quando foi chamado às pressas "para ver dona Jovita, que tá passando mal".

Dona Ninita, apelido de Emirena Teixeira Pinho, foi quem recebeu Ita na porta do quarto, pedindo calma, mas com uma expressão que não deixava margem a dúvidas sobre o que estava acontecendo no interior do aposento, onde seu marido Sebastião, que era farmacêutico prático e parteiro eventual, já se encontrava.

Imediatamente ele soube que ocorrera um parto duplo, prematuro e doloroso, seguido de hemorragia. Logo, Pinho, que havia quase uma hora se encontrava no quarto empenhado no atendimento da comadre, que se esvaía em sangue, foi ao encontro do amigo e em poucas palavras, afastando-o para um canto da sala, disse-lhe:

— Está difícil, compadre... chame o coronel Jacinto, talvez ele tenha mais sorte que eu.

O Coronel Jacinto era o outro farmacêutico do arraial e havia tempos tivera uma séria discussão com Itagiba e desde então não se falavam. Sebastião e Ita entreolharam-se significativamente.

— A comadre não tem condições para ser transportada até a cidade vizinha para procurar um médico...

— Chamem o homem! — exclamou quase gritando o comerciante. — Peçam que ele venha... por Jovita eu faço tudo!

O desespero logo tomou conta de Itagiba, que, trêmulo, procurou uma cadeira e deixou-se cair sentado, murmurando repetidamente:

— Salvem Jovita! Salvem minha mulher, pelo amor de Deus!

Logo o outro farmacêutico chegou e, após tomar conhecimento do problema por Sebastião, tocou levemente o ombro do comerciante, dizendo, antes de entrar no quarto:

— Vou fazer o que puder, meu amigo...

Ninita não arredava pé do quarto e de junto da amiga, que quase já não falava, limitando-se a olhá-la como se pedisse socorro. Sebastião procurava ajudar Jacinto, que ele sabia mais experiente. Após trocar algumas palavras em voz baixa com o colega mandou que providenciassem um banho quente para a parturiente.

— Mas ela está tão fraca... — murmurou a comadre.

O coronel Jacinto, reformado da Polícia Militar e farmacêutico formado, foi aparentemente rústico e autoritário, mas o colega sabia-o extremamente nervoso:

— Façam o que eu disse!

A ordem foi imediatamente cumprida, mas logo depois uma palidez mortal acometeu Jovita.

A morte parecia ter entrado no quarto.

Todos os olhares no pequeno aposento voltaram-se para Jacinto, que de pé junto ao leito não conseguia disfarçar sua impotência diante do inevitável.

— Era preciso um médico... um hospital — disse, olhando para Sebastião.

— Mas como? Ela não vai resistir a uma viagem em lombo de cavalo ou carroça.

Foi então que aquela mãe de doze filhos encontrou forças para abrir os olhos e estender a mão para Emirena — a Ninita —, sua amiga e comadre, e com uma voz quase sumida balbuciar:

— Comadre, sei que vou morrer... olhe por meus filhos — fez uma pausa e enfatizou, com a voz mais forte e já enrolada, nos estertores da morte: — O Antônio é seu!

E voltou a cerrar os olhos para não mais dar sinal de vida.

Pouco tempo depois os filhos juntaram-se ao pai em torno daquela mulher de 36 anos, mãe de doze filhos, que assim se ia deste mundo. Deixava nove filhos menores, entre eles Antônio, com pouco mais de um ano de idade.

A moradia da família Álvares da Silva logo se encheu de gente, e o pequeno Antônio nada entendia, principalmente porque todos procuravam brincar com ele lá fora, longe da casa.

Daí em diante, os dias foram passando e a vida mudando completamente para aqueles órfãos e o pai desolado, muito embora os vizinhos e amigos se desdobrassem em ajudar.

O pequeno Antônio permanecia na casa de Ninita e Sebastião Pinho, muito embora estivesse diariamente com os irmãos e o pai. Na casa dos padrinhos, era tratado como um príncipe pelos filhos do casal, particularmente as filhas, já adolescentes. Mas Ninita e o marido conheciam sobremaneira o austero Itagiba e sentiam que passado o trauma a vida da família ia se normalizando. De fato, o pai de Antônio era um homem rústico, forte e conservador, que sempre desejara ter muitos filhos. Nesse sentido trilhou juntamente com Jovita um doloroso caminho, pois dos doze apenas nove haviam sobrevivido. Mas ele já estava firme de novo, sempre trabalhador, enérgico e com um enorme senso de família, fazendo questão, por exemplo, de vê-los à mesa para as refeições, não permitindo que alguns deles faltassem ao que chamava de "hora sagrada".

Após a morte da esposa e de Tonho ter ido morar com os compadres, "por enquanto", como dizia, conservou sempre os dois lugares vagos na mesa: o dela e o do filho.

Sebastião e Ninita, cada vez mais apegados ao menino, por diversas vezes ensaiaram conversar com o compadre sobre a volta de Tonho, o que causava choro e reclamações entre as filhas e imenso abatimento na mãe. Já Itagiba, compreendendo o que sucedia, também ia adiando a conversa sobre o assunto, apesar de seu apego ao caçula. Lembrava-se com nitidez das últimas palavras da esposa, entregando o filho para Ninita: "... é seu".

A vida, no entanto, logo iria separá-lo do pequeno Antônio.

Naquela manhã de 27 de janeiro de 1916, poucos dias antes de o filho completar 3 anos de idade, Itagiba já se despedira de Tonho e dos outros e se aprestava para viajar com um dos filhos mais velhos, José, com destino à vizinha cidade de Oliveira, onde o rapaz iria estudar.

Os cavalos, a mais prática condução da época, que os levariam à estação ferroviária mais próxima — Barra de Paraopeba — já se encontravam arreados. Porém, à última hora, Marieta, a filha mais velha de Sebastião Pinto, piorara de um tumor no rosto, e o comerciante resolveu adiar a viagem para ficar à disposição do amigo para o caso de qualquer necessidade. Os arreios e demais petrechos foram retirados dos animais e ele voltou à sua rotina no armazém.

O povoado de Morada Nova, naquela época, apesar da grande religiosidade dos moradores, era uma região violenta e sem lei. Por ali passavam muitos viajantes, vendedores, mascates e aventureiros que por vezes promoviam arruaças e praticavam crimes. A força policial estava longe, na sede do município, e o pequeno destacamento de um cabo e três soldados dificilmente conseguia atender em tempo útil. Nas emergências, a população, normalmente cordata e pacífica, tinha que se valer da própria ação pessoal.

O empório de Ita era uma espécie de ponto de parada obrigatória para quem chegasse ao povoado de viagem ou estivesse fazendo compras de mantimentos, ferramentas, rações, sementes. Amarravam os cavalos do lado de fora e entravam, estendendo-se em demoradas conversas, tão ao gosto mineiro. A loja estava sempre cheia.

Naquela manhã uma acalorada discussão fez-se ouvir vinda do armazém. As crianças, que brincavam na casa ao lado, entre elas Antônio, assustaram-se.

Um conhecido desordeiro, com fama de alguns crimes em localidades vizinhas, entrara e, deparando com um morador da cidade ao balcão, cobrou-lhe uma dívida em altos brados. A discussão logo descambou para ofensas e agressão por parte do recém-chegado. Ita era o juiz de paz, escolhido pela comunidade — o que seria uma espécie de "autoridade" na ausência de qualquer outra —, e vendo seus clamores pela concórdia na resolução da questão serem infrutíferos deu voz de prisão ao agressor.

O homem empalideceu, recuou alguns passos e sacando um revólver desfechou cinco tiros no comerciante, que embora tivesse uma espingarda atrás do balcão não fizera menção de pegar a arma.

Atingido em cheio, Itagiba cambaleou e caiu.

E a tragédia não ficou nisso, pois um morador que se encontrava presente feriu de morte o assassino de Ita com vários tiros.

De novo, os nove filhos daquela família juntavam-se em torno da cama onde um ano e meio atrás tinham visto morrer a mãe. Agora, em cores mais dramáticas, o mesmo acontecia com o pai.

Antônio Álvares da Silva estava órfão de mãe e pai com menos de 3 anos de idade. De suas feições sequer se lembraria dentro de poucos anos, guardando apenas o que lhe transmitiriam as fotos.

3_ As diversas facetas do líder dos moleques

Logo a residência dos Álvares da Silva passou a ser chamada pelos habitantes de Morada Nova de "a nova casa dos meninos". Ali passou a viver, sob a liderança de Jeová, o mais velho, então com 16 anos, toda a família, exceto Tonho, que continuou com Nininha e Sebastião.

E assim foram crescendo, cuidando dos negócios do pai — o pequeno armazém — e contando com a ajuda, aqui e ali, de todos os que acompanhavam os acontecimentos. Um deles era o padre Baroni, pároco local, que cuidava de perto dos órfãos, não deixando de visitá-los todos os dias. Os pais adotivos de Antônio eram dos mais católicos do povoado e não perdiam missas, ladainhas e outros ofícios religiosos. E pela mão de dona Ninita sempre era conduzido o "filho mais novo".

Mas nem por isso, já com 4 ou 5 anos mais ou menos, o menino mostrava-se pouco arteiro. Diariamente dona Ninita precisava repetir, com severidade, que "na igreja não se brinca, não se conversa... vai ficar muito quietinho, ouviu?". Antônio obedecia e realmente, quando estava lá, mergulhava num estado de introspecção e sossego que a todos admirava. Isso, porém, era só naqueles instantes, pois antes e depois era a agitação em pessoa, e à medida que os anos passavam planejava e punha em execução traquinagens inesperadas, liderando nas aventuras até meninos mais velhos.

Já pelos 6 ou 7 anos, Antônio era gordinho, vivo e andava sempre descalço, camisa meio fora das calças e suspensórios sempre caindo. Muito inquieto, inteligente e observador, falava alto e era mandão.

A grande preocupação de Antônio na época, entretanto, era o "toco". Este o apelido que dava ao banquinho do castigo onde era obrigado a ficar sentado por horas e sem poder sair toda vez que dona Ninita resolvia puni-lo por alguma coisa de errado que tinha feito. Quando a mãe adotiva ficava muito séria e apontava: "Já para o toco!", ele choramingava, pedindo: "Mamãe, me dá uma surra! Mas para o toco não...".

Ela, no entanto, embora muitas das vezes se roendo por dentro, mostrava-se inflexível, pois na sua maneira de pensar estava educando. Contudo, daí a pouco era comum aquela mãe de filhos quase adultos ficar sentada também, ao lado do pequeno órfão, com uma tábua no colo enrolando biscoitos e dando conselhos ao menino.

Durante a noite, porém, as travessuras de Antônio e seus amiguinhos eram limitadas à casa e aos arredores que a tênue iluminação dos lampiões alcançava. Muitas brincadeiras ocorriam, portanto, do lado de fora, na frente da residência dos Pinho.

Certa noite, porém, um fato surpreendeu a todos.

Naquela noitinha, após o jantar — jantava-se cedo —, a família tinha ido toda para fora conversar, como de costume.

Demoraram um pouco para perceber algo estranho.

— Onde estão as crianças? — exclamou alguém.

Todos olharam em torno e constataram que, curiosamente, os cinco ou seis moleques da vizinhança e também Tonho — como o chamavam os mais íntimos —, que geralmente corriam para lá e para cá em meio aos folguedos, não se encontravam por perto. Havia, sim, um inusitado silêncio no ar, quebrado de longe... por um abafado som, tipo cântico de igreja, que vinha do interior da casa. Todos entraram e dirigiram-se para o quarto do pequeno Antônio, de onde vinham as vozes num "Queremos Deus, homens ingratos... o Pai Supremo e Redentor... Zombam da fé, os insensatos...". Todos se entreolharam diante da porta fechada, e foi Ninita que a abriu com cuidado. Diante deles, um quadro que emocionou a todos: Antônio, que não tinha ainda completado os 7 anos, dirigia a brincadeira... ou ladainha, como ele a denominava. Na cama bem arrumada com um lençol branco ele improvisara um altar, com o crucifixo encostado na Bíblia. Tonho fazia as vezes do padre, sério, no ritual que tão bem conhecia. Com uma toalha sobre os ombros, segurava sob ela uma tesoura com a ponta para baixo, simulando o Santíssimo, dizendo com autoridade:

— Todo mundo de joelhos e cabeça baixa!

Os adultos e as irmãs de Antônio ficaram meio sem saber o que fazer, se se zangavam com ele por brincar com coisas tão sérias ou... Então, Ninita tomou a iniciativa e entrou na brincadeira, ajoelhando-se e participando.

E lá ia ele, imitando a campainha... blem... blem... blem... e cantando com a sua voz inocente:

— Bendito e louvado seja...

Padre Baroni, o pároco e amigo da família, chegou logo após o término da brincadeira, mas a tempo de ouvir os comentários. Ninguém tocou no assunto com Antônio e as demais crianças.

Sebastião indagou ao padre:

— Será que ele vai ser padre?

— Duvido — respondeu ele sem dar muita atenção à pergunta. — Isso não está no sangue da família.

Quem não gostou nada das palavras do padre foi dona Ninita, que se deixou ficar ali do lado de fora enquanto o padre Baroni e Sebastião entravam na casa. Uma das irmãs mais velhas de Antônio que se encontrava por ali puxou a mulher pela mão, dizendo:

— Não liga não, tia... esse padre não sabe de nada...

Meio surpresa, Ninita sorriu e enlaçou a menina carinhosamente:

— Uai... por que você diz isso?

Fausta era mais velha que Tonho apenas quatro ou cinco anos, porém demonstrava uma inteligência incomum e sempre fora muito ligada ao irmão. Ela conduziu Ninita até um degrau, onde sentaram.

— Vou contar um segredo, meu e do Tonho, para a senhora... se prometer guardar e não falar a ninguém — disse, cravando aqueles olhos infantis na comadre de sua falecida mãe.

— Mas é claro, filha... pode deixar que eu guardo...

— E não vai fazer nada com o Tonho...

Ninita começou a preocupar-se: será que viria por aí mais uma do menino?

Fausta, então, começou a falar, baixando a voz, quase sussurrando:

— Sabe aquele leproso que vive na caverna lá no fim das casas?

Emirena balançou a cabeça afirmativamente.

— Aquele coitado... de que ninguém chega perto?

— Ele mesmo — completou a menina. — Aquele para quem jogam a comida de longe... e de quem as crianças e a gente grande nem chegam perto.

Ninita estava cada vez mais curiosa e preocupada.

— Pois é... — fez uma grande pausa. — Já reparou que o Tonho sempre almoça no lado de fora, no quintal?

— É... a menos que o Sebastião esteja em casa... aos domingos, mas nos outros dias ele sempre pede... diz que é para aproveitar a sombra das árvores... eu sempre deixo.

— A senhora prometeu não contar nada a ninguém... e eu só conto para provar que o padre não conhece meu irmão...

— Sim, e daí, Faustinha?

— Todo dia, dona Ninita — desabafou —, ele come a metade da comida do prato e a outra metade vai dar para o velho com lepra...

— Não!

— É verdade... e nos domingos ele leva as frutas e os doces da sobremesa. Minha irmã mais velha diz que tem dia em que o velho está passando mal... que ele dá a comida na boca dele...

Dona Emirena abraçou-se com a pequena Fausta e, entre lágrimas, murmurou com emoção:

— Meu filho... meu filho... Só Deus o conhece...

E Antônio continuou a fazer coisas do tipo por toda a vida.

No entanto, embora o padre Baroni tivesse esse pensamento equivocado, talvez pela violência que cercara a morte de Itagiba ou por tratar-se o menino de alguém tão travesso, o fato é que, certamente por não ter presenciado tão de perto as aventuras de Tonho pelo povoado, um outro padre que chegara a Morada Nova com a missão dos padres redentoristas resolveu aproximar-se do pequeno órfão. O padre Guilherme, que entre os três missionários era o único que apreciava o tradicional cigarrinho de palha mineiro, sempre comparecia à noitinha para saborear o fumo de rolo com Sebastião no casarão.

"Um padre fumando...", pensou e comentou o menino... e logo se aproximou daquele missionário tão diferente. Em poucos dias já estava a conversar animado com o religioso, que, para estranheza de todos, dava uma enorme atenção àquela criança de menos de 7 anos. Sebastião, bem mais velho que Ninita, não era dado a reprimendas com os filhos e principalmente com o caçula. Deixava tudo por conta da mulher, que, sem ser enérgica, nada deixava passar.

— Tonho... aqui não é lugar de criança... isso é conversa de adulto, não incomoda o padre...

Mas o Padre Guilherme sempre dizia, sem deixar de fitar Tonho nos olhos:

— Deixa, dona Ninita... deixa... ele não está me incomodando.

E, mais do que falar, continuava a ouvir o menino.

Em pouco tempo, o padre Guilherme recebia aquele pequeno aluno não convidado, pois estava abaixo da idade, nas aulas de catecismo da missão. Como não o mandavam embora, ele foi ficando... ficando... Antônio não faltava a uma aula. Sempre atento, era o primeiro a levantar o dedo para responder às perguntas. Logo, para surpresa de todos, foi incluído no grupo que faria a primeira Comunhão.

Ao sair da primeira confissão, disse para a sua irmã Zulmira, que o ouviu com lágrimas nos olhos:

— Confessei para o padre que eu aperto o rabo do gato na cancela, e ele me falou a mesma coisa que o papai: que os animais também sentem dor... Que é para eu não fazer mais isso, porque é maldade e Deus não gosta de menino mau.

No dia seguinte, Antônio era o menor entre aqueles que receberiam a primeira Eucaristia.

Ainda não tinha completado os 7 anos.

Mas o travesso moleque continuava o mesmo no seu dia a dia. Havia no quintal da casa dos Pinho muitas mangueiras, e a família, além de dar para os amigos e vizinhos as frutas que não conseguia consumir, lamentava as muitas que se estragavam. Antônio logo se ofereceu à mãe para vendê-las. Engenhoso, num instante montou com um velho caixote um pequeno tabuleiro que prendia ao pescoço por uma tira de couro...

E lá ia ele pelas ruas oferecendo as frutas com desenvoltura. O amor e a dedicação ao trabalho já se destacavam na sua personalidade em formação. Com empenho, batia de casa em casa tentando vender as mangas, e bem cedo a freguesia se estabeleceu. Vendia tudo bem cedinho, logo após sair da escola, reservando o resto da tarde para as brincadeiras com os amigos, geralmente tomar banho sem roupa — para não se molhar e denunciar aos pais — no rio, o que era motivo de correrias diante dos soldados do destacamento. Isso quando Tonho não liderava os moleques numa cavalgada, montados em pelo e virados para as garupas dos animais — pegos nos pastos — pelas ruas da vila.

Quanto às mangas, Antônio normalmente entregava o dinheiro das vendas corretamente para sua mãe, mas sempre dava algumas para a sua irmã Lelé. Certo dia, esta perguntou a Ninita se ela sabia que o menino assim procedia.

— Não sei como ele arranja mais mangas... só sei que traz direitinho o dinheiro da venda de todas.

Logo Tonho foi interrogado por Ninita, à vista do toco. Mas ele respondeu de pronto, com sua lógica inocente:

— A senhora sempre dá quarenta mangas para eu vender: cinco por 1 tostão. Mas eu separo as maiores e vendo três por 1 tostão... sobram dezesseis mangas pequenas — seus pequeninos olhos faiscavam de inteligência —, aí eu levo de presente para a Lelé e alguns amigos...

Ninita sabia muito bem das dificuldades que Lelé e o resto dos irmãos de Antônio enfrentavam, pois o armazém não ia bem. Por outro lado, sempre ouvia falar dos "amigos" do seu caçula, e no início pensava que eram alguns meninos colegas de escola e vizinhos. Mas agora já desconfiava de outra coisa.

— Tonho, quem são esses "alguns amigos?" — perguntou, quase adivinhando a resposta.

— Uai, mãe... são os pobres que eu encontro por aí...

— Todo pobre, filho?

— Uai, mãe... qualquer um que eu encontro e tá com fome...

Ninita sorriu e carinhosamente abraçou o filho.

— Tem alguma coisa errada nisso, mãe?

Ela nada disse, mas as lágrimas corriam pela sua face.

Antônio, porém, começou a perceber que a sua maneira de ser "amigo dos pobres" não era lá muito bem entendida por todos... isso se estenderia pela sua vida.

✢ ✢

Já no ambiente escolar, Antônio não prestava atenção às aulas e parecia não estudar em casa, embora levasse os "deveres" sempre prontos. Dentro da sala respeitava a professora, porém não era um modelo de aluno, muito pelo contrário. As punições dadas pelos professores eram aplicadas com o rigor da época, quando mandar ajoelhar-se em grãos de milho e usar a palmatória eram coisas comuns. Mas cedo o menino desmoralizou as cenas de castigo, transformando-as em verdadeiras comédias.

Certa feita, por zombar de um colega posto de joelhos sobre o milho, provocou ruidosas gargalhadas da turma, para horror do professor, que interrompeu o castigo do aluno e ordenou que ele fosse buscar uma vara para lhe ser aplicado um corretivo. Todos tremeram: "Coitado do Tonho", murmuraram. Minutos depois retornava ele com uma longa vara de marmelo, que passivamente entregou ao mestre, virando de costas e cruzando os braços na posição de apanhar. O professor, um tanto contrafeito e até hesitante, desferiu sem vigor a primeira varada. A vara quebrou numa parte, veio a segunda, a terceira, e a vara se partia sucessivamente... Gargalhada geral diante do riso de Antônio e da constatação de que a vara entregue ao professor viera ardilosamente secionada em gomos e preparada para quebrar.

A aula acabou antes do tempo, em algazarra total!

Mais uma vez um professor iria queixar-se de Antônio, se não bastassem o cabo do destacamento e alguns moradores que acusavam o menino de liderar a molecada nas piores aventuras. Porém, desta vez a queixa foi feita diretamente ao farmacêutico e não a dona Ninita... O paciente senhor Pinho ouviu o professor, visivelmente contrafeito, e, depois de desculpar-se, prometeu castigar o menino. Encontrou-o atarefado, sentado na soleira da porta dos fundos comendo uma espiga de milho verde que sua mãe acabara de assar.

— Está ouvindo, "seu" Tonho? Você vai ser castigado! Não tem vergonha de ser o menino mais bagunceiro da escola?

Sebastião Pinho estava falando muito alto, quase gritando, nervoso.

Antônio abaixou a cabeça, levantou-se e em seguida ajoelhou-se, estendendo a mão para a palmatória... mas a outra mão não largava a espiga de milho.

Ninita e as filhas correram para o local e o que encontraram foi o velho Pinho quase chorando, abraçado com Antônio e acariciando seus cabelos.

Nunca mais Sebastião levantou a mão para qualquer filho — o que não era de seu feitio. Aliás, não havia em toda a casa palmatória alguma.

Assim, o pequeno Antônio sossegou por algum tempo.

✢✢

Aos 10 anos, Antônio já estava perto de terminar o curso primário em Morada Nova. Nesse meio-tempo, Sebastião e Ninita, preocupados com as frequentes substituições de professores e o hiato de ensino que isso produzia na educação do menino, providenciavam a sua transferência para uma escola na vizinha cidade de Abaeté.

— O que hei de fazer com este menino, tão vivo e inteligente? — perguntava sempre o velho pai adotivo.

Num dia em que o irmão mais velho de Antônio, Jeová, que residia havia dois anos em Abaeté, visitava a família, os acontecimentos se precipitaram.

Fundada em 1870, Abaeté já era no início do século XX um dos municípios mais prósperos e desenvolvidos da região das Três Marias, da qual Morada Nova fazia parte.

Para lá convergiam jovens e crianças em busca de melhores escolas e condições de estudo. No que se refere a Minas Gerais, porém, era uma pequena cidade.

Ficou rapidamente decidido pelos familiares que Antônio continuaria seus estudos na localidade vizinha, onde moraria com o irmão Jeová e a esposa. No início Tonho entusiasmou-se com a ideia: ria e cantava de alegria, fazia mil planos. E assim logo estava naquela cidade, distante cerca de doze léguas, e para onde se deslocara a cavalo, juntamente com o irmão.

No início tudo atraiu e maravilhou o menino. Gostou muito da cunhada, que o tratava muito bem, e dos novos amigos que fez na escola. Mas rapidamente entendeu que Jeová não era Sebastião Pinho e nem sua cunhada a tolerante Ninita. Enérgico e cônscio de sua responsabilidade com Antônio, desde o início Jeová tentou controlar o menino, espantado com tantas peraltices e travessuras. Na escola, como de hábito, continuava o mesmo.

Certa feita, na aula de canto, ensaiavam a Marselhesa já havia algum tempo. Antônio logo colocou na música outra letra, que cantava lá do fundo, no meio dos alunos, sobrepondo-se à letra original e atrapalhando o trabalho da professora.

É claro, um dia foi surpreendido pelo diretor da escola, que chegara por trás do coral.

Mais castigos e até ameaças de desligamento da escola, tudo no ouvido do mano Jeová, que começou a temer pelo futuro do irmão de 10 anos.

— Ele não estuda, não tem disciplina, está sempre envolvido em alguma encrenca — reclamava Jeová num domingo de manhã.

— É uma criança, Jeová, não faz, de verdade, mal a ninguém... pergunte aos mendigos, eles o adoram!

Jeová olhou para a jovem esposa, que sempre defendia Antônio.

— Sei, mas pergunte à professora, ela tem verdadeiro pavor dele, diz que se deixar ele derruba a escola.

Mas ela não se deixava vencer, pois via o menino por um outro ângulo, sem, contudo, tirar a razão do marido.

— Ah... mas vá lá saber do padre, ele é o coroinha mais aplicado da paróquia.

— Não sei como é que pode! Só quero ver se vai passar de ano — dizia Jeová, encerrando a conversa como sempre.

A cunhada de Antônio, quase uma adolescente ainda, percebia algo a mais naquele menino-problema, como diziam tantos, da mesma forma que a mãe adotiva, Ninita.

Em Abaeté ele sempre se mostrava prestativo e trabalhador. Na casa do irmão sempre se oferecia à cunhada para ajudar em serviços caseiros como pôr a mesa, lavar a louça ou varrer a casa. Era fã incondicional das fitas de cinema, principalmente as de faroeste, colecionava figurinhas e tinha os seus artistas preferidos, os quais vez por outra imitava no fundo do quintal, motivo de diversão dos colegas, que riam até rolar pelo chão. O interesse do irmão pela nascente arte cinematográfica, que ainda engatinhava, nos estertores do cinema mudo, e para a qual só havia uma sala de exibição na cidade — e a entrada era cara —, despertou a atenção de Jeová — e disso ele jamais se perdoou:

— Onde ele arranja dinheiro para pagar a entrada no cinema? — indagou à esposa.

Quis a providência Divina que fosse o próprio Jeová a descobrir a rústica caixa de engraxate, feita de um caixote, escondida no quintal, no mato, junto a uma frondosa goiabeira. A partir daí não foi difícil saberem por que após o almoço e o jantar ele era tão apressado em ajudar a lavar a louça e arrumar a cozinha: "Para ir brincar", dizia. Mas na realidade corria para ajudar a arrumar a cozinha e varrer a casa de dona Zulmira, mãe de um de seus maiores amigos em Abaeté, o Nonô. Logo em seguida, embora sabendo que no domingo a bondosa mulher lhe daria alguns trocados para o cinema, abraçava a caixa de engraxate e partia para limpar e engraxar botas e sapatos, sempre enlameados ou poeirentos por causa das ruas de terra batida da cidade. Quando o irmão, meio sem jeito, perguntou o que fazia com o dinheiro, além de ir ao cinema, respondeu:

— Uai... compro figurinhas e ajudo os meus amigos...

Encerrada a conversa, e sem dar muita importância a ela, afastou-se andando rápido e assobiando pela rua. A esposa, entretanto, embora tivesse percebido que Jeová estava intimamente aborrecido com o juízo que fizera do menino, sentiu que precisava dizer algo ao marido, que ainda não entendia o irmão nos seus 10 anos:

— Meu amor, o que o seu irmão chama de "meus amigos" não são os coleguinhas de brincadeiras — explicou ao marido —, são os mendigos e doentes da cidade...

Sentaram na beira da porta da rua.

E ambos sorriram.

Com o passar do tempo, Jeová se tornaria o grande amigo e confidente do irmão.

✢✢

O ano de 1923 aproximava-se do fim.

Naquele último ano, Antônio sentia arrefecer seu entusiasmo pela "cidade grande" — que era como todos no povoado de Morada Nova chamavam Abaeté. Diversas vezes por ano, com o seu irmão ou o primo, a cavalo, visitara a mãe, o pai e os irmãos. E cada vez era mais difícil a despedida. Nos primeiros dias ficava rondando em torno da mãe adotiva, prestando atenção a tudo o que ela dizia. Tinha um medo enorme de perdê-la.

Sempre chorava na hora da despedida e durante a viagem sentia martelar nos ouvidos as palavras mais frequentes de dona Ninita:

— Tonho... estude... estude, estude, Tonho.

Enfim chegou o fim do ano de 1923, e com ele os exames finais. As notas de Antônio eram ruins, quase péssimas, mas ele permanecia aparentemente tranquilo e ninguém o via estudar.

Na ocasião a professora, dona Maria Mourão, separou os alunos mais fracos para em aulas especiais recordar as matérias do programa, já que tinham sido designados para o exame oral dois eminentes educadores da cidade: os doutores Edgardo da Cunha Pereira e José Andrade Soares.

Antônio foi deixado de fora dessa turma, pois, segundo a mestra, já podia se considerar reprovado. No dia do exame, a sala de aula toda enfeitada, flores, a bandeira nacional e a de Minas Gerais, ritos solenes, a professora pediu ao doutor Edgardo que desse início aos trabalhos e começou a chamar os alunos por ordem alfabética. Olhando a criança nos olhos, ela chamou: Antônio Álvares da Silva!

Ele levantou e encaminhou-se para a banca examinadora, fazendo um discreto sinal da cruz — o mesmo que fazia antes de nadar no rio ou galopar perigosamente pelas ruas de Morada Nova.

O silêncio era total!

Sentando-se de frente para o examinador numa mesa em que se encontravam também a professora e o diretor da escola, o doutor José de Almeida, ele encarou firme, na inocência de seus 11 anos, o professor. Tamanhas eram a sua calma e a sua tranquilidade que o doutor Edgardo julgou estar diante do melhor aluno da classe.

— Sorteie o ponto, meu filho!

E Antônio, sem pestanejar, apostou no risco calculado, como o faria até o último momento de sua vida.

— Não precisa, não senhor, pode perguntar o que o senhor quiser!

Foram feitas duas perguntas somente, e as respostas foram prontas e brilhantes.

A classe toda explodiu em aplausos, e Antônio foi dispensado, aprovado e com o cumprimento do examinador. Dona Maria, a professora, não se conteve e abraçou, sem entender muito bem o acontecido, o aluno em meio às lágrimas.

Anos depois recordaria ao abraçar o frade — que a visitava — aqueles momentos para ela inesquecíveis.

— Foi um milagre, dona Maria... um milagre — repetiria frei Orlando, acariciando os cabelos encanecidos da velha mestra.

Mas os momentos memoráveis daquele dia não se encerrariam ali.

Após os exames, o Grupo Escolar Frederico Zacarias estava envolvido nos preparativos da festa final de encerramento. Tudo era alegria entre as crianças, os professores e os funcionários.

Tudo se desencadeou quando Tonho viu pela primeira vez um franciscano!

Era a missão franciscana chegando a Abaeté. Antônio já tinha visto e convivido com outras missões, todas de padres redentoristas, em Morada Nova. Era a ocasião em que o povoado se enfeitava todo e entrava em clima de festa: Missas festivas, ladainhas, terços, procissões, quermesses e muito catecismo. A primeira Comunhão das crianças era reservada para essa época, e isso era motivo de júbilo para as famílias, que se esmeravam na confecção das roupinhas brancas dos meninos e meninas e em muitas festanças, tão comuns em Minas Gerais.

Antônio sempre estivera próximo dos missionários. Fora com um deles, o padre Guilherme, que realizara sua primeira Eucaristia, com menos de 7 anos.

Mas aqueles missionários eram diferentes, reconheceu Antônio.

E a partir daí o menino não desgrudava daqueles homens altos, louros, meio barrigudinhos e de olhos azuis — eram holandeses —, com batinas marrons e cheias de remendos da mesma cor, "mais parecendo um saco velho", contou ele para a cunhada ao chegar em casa... E havia as sandálias... e uma corda amarrada na cintura, narrava ele, fascinado. Os missionários ficariam poucos dias na cidade, e Antônio sabia disso.

Valendo-se da situação de coroinha, Tonho passou quase a residir na igreja.

— Escola para quê? Eu já passei de ano — dizia aos que falavam que ele tinha sumido do grupo escolar.

E com os franciscanos ia a todas as partes da cidade. E o que mais o impressionou: eles pediram que os levasse aos leprosos e mendigos da periferia de Abaeté, coisa que ele conhecia muito bem.

Três dias antes da partida dos missionários, um deles convidou o coroinha para recolher algumas folhas de coqueiros com as quais pretendia enfeitar a igreja. Nesse trabalho passaram toda a manhã, e Antônio, com a desenvoltura que lhe era peculiar, falou-lhe de sua vida. Confidências que nem mesmo na confissão ousara fazer fluíram na conversa entre o menino de quase 11 anos e o franciscano holandês já cinquentão. Foi o religioso o primeiro a saber da profunda tristeza daquela criança alegre, brincalhona, traquinas e tida como inconsequente.

Em meio a lágrimas convulsas e incontidas, Antônio revelou ali a sua grande mágoa e o seu sofrimento por não ter conhecido o pai e a mãe:

— Só eu, frei... só eu, frei... Eu sou o único garoto que conheço que não tem nem pai nem mãe... nem conheci...

E voltou a soluçar.

O frade nada disse, limitou-se a abraçar o menino e continuaram o trabalho. Chegando à igreja, ao encarar a criança que se adiantava para beijar-lhe a mão, fitou-a profundamente nos olhos.

— Tonho... quer vir comigo para Divinópolis?

O garoto engoliu em seco e mal conseguiu perguntar:

— Para o... Seminário?

O franciscano balançou a cabeça afirmativamente, já participando da emoção do menino.

— Para ser frade? — soltou Tonho de uma só vez.

O frade, de quase dois metros de altura, sentou-se no chão para melhor encarar o menino durante a conversa.

— Então…

— Se meu irmão deixar, eu vou mesmo!

E começou a correr para casa, sem mesmo despedir-se do religioso — era todo alegria e emoção. Parou a cerca de cinquenta metros e voltou-se para o missionário, gritando:

— E se não deixar também!

Naquela mesma noite o frade procurou Jeová e a esposa e conversou sobre a possibilidade de Antônio realizar os estudos do segundo ciclo do Seminário Franciscano de Divinópolis. O irmão mais velho de Tonho, embora tivesse ficado feliz com o convite, não conseguia vislumbrar como um seminarista aquele menino travesso e sempre metido em aventuras que colocavam a vizinhança em polvorosa.

— Não sei, frei… o senhor não conhece o Tonho… ele não vai aceitar a disciplina do Seminário… infelizmente…

Fez uma pausa e olhou para a esposa, que parecia não concordar, e continuou:

— Pergunte só para a dona Maria, a professora dele na escola — virou-se para a mulher, que nada tinha dito até então.

— Não sei não — disse ela meio timidamente. — Você sabe muito bem como ele se comporta com tudo o que diz respeito à Igreja e a Deus!

— Se o senhor permitir, seu Jeová, nós assumimos o risco — disse o frade, encerrando a conversa.

Na manhã seguinte, na escola, Antônio não se continha, quase explodindo de alegria e entusiasmo.

A aula, na realidade uma reunião preparatória da festa de encerramento, não acabava nunca e ele partiria com os missionários à tardinha. Num repente, levantou-se e pediu à professora:

— Dona Maria, posso sair mais cedo?

— Sair mais cedo para quê?

— Para pegar o cavalo e ser frade!

4_ O mais improvável dos seminaristas

Uma profunda mudança estava à espera de Antônio Álvares da Silva, que aos 12 anos, em 6 de janeiro de 1925, iniciava a adolescência no Colégio Seráfico de Divinópolis, onde permaneceria até 1931.

Distante 125 quilômetros de Belo Horizonte, aquela era uma cidade bem maior que Abaeté. Com hábitos e costumes diferentes, tudo representou um verdadeiro choque para o menino do pequeno povoado de Morada Nova. A começar pelo regime de internato e pelo rígido regulamento dos franciscanos gorcomicuses, oriundos da Holanda, que administravam o recém-fundado estabelecimento de ensino, e também pelos colegas, que no início o tomaram por um caipira tolo e tímido.

Logo nos primeiros dias, ainda calado e observador, foi cercado pelos outros alunos, que o crivaram de perguntas, entre elas:

— Como é o seu nome?

— Antônio Álvares da Silva...

E aquelas que mais doeram no pequeno órfão:

— Tem pai?

— Morreu...

— Mãe?

— Morreu...

Como Antônio respondia muito depressa, parecia dizer: "merreu... merreu...". Os mais cruéis entre aqueles jovens brincalhões que pretendiam ser franciscanos determinaram:

— Antônio Merreu...você vai ser o Antônio Merreu!

E desataram todos os veteranos numa estrondosa gargalhada, ninguém ligando para as lágrimas que corriam pela face do novo aluno.

Alguns dias depois, entretanto, ele já recebia tudo isso com espírito esportivo, rindo e brincando. Em pouco tempo não havia no Seminário, fosse funcionário, frade ou aluno, quem desconhecesse as incríveis travessuras do Tonho Merreu e a sua capacidade de conduzir outros colegas nas mais diversas aventuras. Nada, julgava ele, que ofendesse gravemente alguém ou desrespeitasse profundamente o regulamento, conforme perguntava ao confessor, quase com candura:

— Isso não é pecado mortal, não é, frei?

Decorridos poucos mais de alguns meses do início das aulas, Antônio, num sábado pela manhã, saltou o alto muro para o quintal do vizinho, onde frondosas laranjeiras estavam repletas de frutos. No mesmo dia, depois do almoço, os seminaristas estavam sentados no pátio saboreando a inusitada sobremesa.

Não foi difícil identificar o autor da proeza e, inquirido, Antônio assumiu a culpa sozinho, embora outros alunos o tivessem ajudado.

A explicação de que o realizado era um furto, isto é, uma espécie de roubo, um pecado mortal, chocou o menino, que confidenciou ao confessor que pouco tempo atrás apoderava-se, muito embora devolvesse horas depois, de cavalos nos pastos da vizinhança para cavalgar com os amigos pelas ruas da sua cidade.

Ficou realmente acabrunhado, temeroso e nunca mais repetiu tais ações.

++

O tempo foi passando, e Antônio, para surpresa geral, principalmente do irmão Jeová, mostrava-se um dos melhores alunos do colégio. Destacava-se sobretudo no domínio do latim e do neerlandês, falado pelos frades holandeses, com os quais gostava de alongar-se em conversas sobre a Holanda. Mas, enquanto lá esteve, o Colégio Seráfico de Divinópolis nunca foi um lugar monótono.

Os acontecimentos mais inusitados tinham lugar, para espanto dos frades encarregados da disciplina e em contato direto com os seminaristas liderados por Antônio Merreu.

Numa ocasião, não se sabe como, descobriu no assoalho do dormitório, que ficava exatamente sobre o refeitório dos frades, um pequeno buraco e por ele passou a observar, juntamente com os colegas, os religiosos que em meio ao jantar saboreavam alguns copos da boa cerveja holandesa.

Para aqueles jovens, meninos ainda, era fantástico descobrir que os severos e austeros frades eram seres humanos como os demais, com seus prazeres e gostos tão mundanos como tomar uma "cervejinha" ao fim do dia — coisa tão corriqueira na velha Holanda, de onde se originavam. Vibravam com risos abafados e olhares de cumplicidade, enquanto Antônio não deixava de estalar os lábios cada vez que o frade superior sorvia o enorme caneco de cerveja.

No entanto, certa noite, uma estranha poeirinha vinda do teto veio pousar na cabeça de um dos frades, tão rala de cabelos... Desconfiado, ele disfarçou e subiu ao dormitório, e no auge do divertimento dos seminaristas pegou-os em flagrante, rindo, zombando e estalando a língua repetidas vezes.

E no centro e na liderança de tudo estava Antônio Merreu...

Um clima inquisitorial pareceu se estabelecer diante do frade — sério, mãos na cintura e atitude de poucos amigos —, que estava realmente muito aborrecido. Os jovens entreolhavam-se, trêmulos e cheios de medo, mas Antônio, sem pestanejar, assumiu toda a culpa, baixando a cabeça, muito sério, e parecendo sinceramente arrependido.

Um castigo chegou a ser orquestrado pela direção do Seminário, entretanto não foi aplicado, porque uma questão se estabeleceu entre os frades: não havia dúvida, o menino estava sempre se envolvendo em aventuras e quebrando as regras disciplinares, diziam alguns, certamente não serviria mesmo para a ordem e o sacerdócio. Outros, contudo, observavam que era extremamente religioso e voltado para a ajuda aos pobres, com os quais sempre se integrava com naturalidade, no empenho de curar as suas feridas e distribuir alimentos; isso além da desenvoltura em pedir e conseguir gêneros na vizinhança, no comércio e com fazendeiros locais em prol dos mendigos, doentes e desempregados. Segundo estes, tal procedimento muito tinha a ver com o espírito franciscano, diziam. E, argumentavam outros, possuía ainda capacidade de liderança e extrema facilidade de uso da palavra, fosse para conduzir os colegas, alguns até mais velhos, ou no carinho com os pobres.

Não, não era ainda o momento de excluir o jovem Antônio.

E assim o tempo foi passando, 1924, 1925, 1926... 1929, e como esperavam os seus superiores Antônio ia amadurecendo.

Já tinha deixado para trás as brincadeiras da infância.

Por volta dos 16 anos teve de voltar inopinadamente para casa, em Morada Nova, pois seu pai adotivo estava mal de saúde. Lá esteve por dois dias, não tendo bastante oportunidade para rever os amigos, pois permaneceu a maior parte do tempo junto ao velho Sebastião Pinto, que, vítima de um derrame, não o reconheceu, o que muito o entristeceu. Os parentes e amigos o acharam mais magro e estranhamente compenetrado. Dona Ninita, todavia, tranquilizava a todos dizendo que era o uniforme do Seminário que o fazia parecer diferente, além de estar profundamente abalado com o sucedido ao pai. Com frequência chorava e adormecia rezando o terço ao lado da cama do farmacêutico.

Decorridos os dois dias de licença, retornou ao Seminário, e ao chegar recebeu a notícia do falecimento de Sebastião, o único pai que conhecera.

✢✢

Em 1929 o mundo explodia no que ficou conhecido como a Grande Depressão.

O palco para o terrível espetáculo que seria a Segunda Guerra Mundial estava se delineando, enquanto o jovem seminarista, que dela participaria ativamente, retomava seus estudos em Divinópolis. O final de outubro daquele ano marcou cronologicamente o início da maior crise econômica do século passado. Até mesmo o Brasil, inclusive, é claro, o estado de Minas Gerais, se viu afetado. De resto, o sinal da catástrofe se avizinhando estremeceu as nações quando todo o sistema financeiro internacional ruiu com a queda da Bolsa de Valores de Nova York, a New York Stock Exchange.

Repentinamente milhares de acionistas, empresas e pessoas físicas perderam da noite para o dia literalmente tudo o que tinham. Seguiram-se uma quebradeira geral de bancos, instituições financeiras, empresas e a consequente perda de empregos por todos os países, quedas drásticas do PIB — Produto Interno Bruto —, desvalorização das ações e desorganização total das atividades econômicas em todos os continentes.

Tal situação, tão tristemente retratada pelas multidões de desempregados que vagavam pelas cidades e pelos campos de Estados Unidos, Canadá, Inglaterra, França, Austrália e de forma mais cruel pelas hordas de famintos nos países perdedores da Primeira Guerra Mundial (1914-1918), lançava as sementes da Segunda Grande Guerra.

O Brasil, que vivia num sistema republicano estabelecido depois de um período de sérias revoltas, inclusive de setores jovens das forças armadas, conseguia até aquele momento equilibrar-se numa base política delineada pelo chamado Pacto de Ouro Fino, de 1912, que fixava uma alternância na presidência da República entre São Paulo e Minas Gerais, popularmente chamada de "Café com Leite".

Tal sistema caiu por terra juntamente com a importância econômico-financeira da monocultura do café.

O Brasil não tinha um parque industrial digno de tal denominação. Todo produto manufaturado era importado, sendo grande a influência estrangeira, particularmente norte-americana e inglesa, sobre nossos dirigentes políticos, cientistas, técnicos, mídia e intelectuais — exceto Monteiro Lobato e alguns poucos. Havia a convicção de que "no Brasil não há petróleo", o que nos tornava totalmente dependentes, pois não se realizavam sequer pesquisas nesse sentido. Éramos, ainda, o país da monocultura, tendo no café a única fonte de divisas além de matérias-primas, principalmente minerais.

De repente começaram as falências, as concordatas, as tragédias familiares, o desemprego, acentuando-se a instabilidade política numa época de sucessão presidencial. Na política, o presidente Washington Luís, oriundo de São Paulo, rompeu com o já fragilizado Pacto do Café com Leite e empenhou-se na eleição do também paulista Júlio Prestes como seu sucessor, em detrimento do mineiro Antônio Carlos, violando o velho acordo. Mas havia um fator novo representativo do inconformismo com tal situação e que externava as aspirações de poderosos grupos políticos em vários pontos do país: a figura de Getúlio Vargas. O presidente (era assim que se denominavam os governadores) do Rio Grande do Sul catalisou os anseios dos descontentes, surgindo como candidato natural, tendo como vice o paraibano João Pessoa. Entretanto, embora o favoritismo dessa chapa fosse claro, o candidato oficial venceu as eleições de março de 1930. Era a época do voto aberto. Sucedeu-se a Revolução de 1930, eclosão de um processo que já estava em gestação havia longo tempo e que se precipitou com o assassinato de João Pessoa, presidente da Paraíba e candidato derrotado nas eleições na chapa encabeçada por Getúlio Vargas. No curto período de um mês, entre outubro e novembro, a revolução vitoriosa estabeleceu um novo governo no Brasil sob a chefia de Getúlio Vargas, que iria durar quinze longos anos, na maior parte num regime ditatorial.

Nesse período, o então jovem seminarista viveria a sua saga.

5_ Pela primeira vez em solo europeu

O fato de ter voltado, ainda que por breves dias, ao vilarejo de Morada Nova despertou no adolescente as adormecidas lembranças da infância e saudade do ambiente familiar. Logo depois de retornar ele enviou à irmã Maria, a quem chamava de Titi, uma carta de emocionado teor, bem típica do jovem que era:

Querida irmã

O fim desta é falar sobre um assunto muito importante. Quando no mês de junho eu estive aí, você me disse sobre um dinheiro que iria arranjar para mim. Eu lhe respondi que frade não pode ter dinheiro, mas agora venho fazer-lhe esta proposta: Titi, tendo em vista sua vontade de gastar em meu favor este dinheiro, e se já puder adquiri-lo e usá-lo, eu lhe pediria que me tirasse deste colégio e me internasse em um ginásio, pois as causas deste meu pedido são bastante justas.

Eu continuo com a resolução de ser frade e me entregar todo ao serviço de Deus, mas também sinto muitas saudades de vocês todos. Tenho apenas 16 anos, e quantos anos vivi em companhia de vocês? Se muito foram apenas quatro anos! Por isso, tenho vontade de viver junto de meus irmãos e só posso fazê-lo saindo daqui. Só voltarei aqui quando for para o noviciado, e assim mesmo por poucos dias. Todos os frades daqui estudaram em ginásio e passaram as férias em casa, e assim mesmo são frades e muito bons. Por que não posso fazer o mesmo? Deus me dará forças para permanecer no caminho direito. Preciso de dinheiro, mas onde arranjá-lo? Se nosso pai fosse vivo, por certo o teria, mas ó infelicidade! Nem mesmo o conheci... Você, querida irmã, tornou-se a minha última esperança. Peço-lhe que me arranje o dinheiro. Se não for pedir muito, eu entrarei num ginásio e, depois de terminar o curso, entrarei num convento [...].

Abraço-a com todo o afeto!

O irmão Antônio

Na ocasião, o jovem precisava de sete mil cruzeiros para cursar o que hoje chamamos de ensino médio, porém, na sua inocência, ignorava as agruras que o país vivia numa época de crise. Os irmãos reuniram-se e conversaram bastante, sendo estabelecida a completa impossibilidade de atender à ajuda solicitada em meio ao desemprego geral e às dificuldades das pequenas atividades comerciais do momento.

Ele permaneceria por mais dois anos no Colégio Seráfico de Divinópolis, e em 17 de fevereiro de 1931, com 18 anos incompletos, embarcou para a Holanda.

O registro de sua primeira viagem oceânica, cruzando o Atlântico, ficou muito bem expresso na carta que escreveu às irmãs:

Caras irmãs

Em primeiro lugar dou meus parabéns à Titi pelo seu aniversário, pedindo a Deus que a abençoe. Fiz uma esplêndida viagem, caras irmãs, admirei muitas coisas, embora os frades que viajavam conosco censurassem a minha indiferença. No golfo de Gasconha, ninguém dormiu no navio, tal foi a agitação do mar, mas não sofri nada, exceto duas quedas da cama.

Antes de chegar a Amsterdã passa-se por um canal, o maior do mundo: ali vi coisas lindas. Admirei primeiro as casas holandesas. Parecem tão delicadas e tão atraentes que me dá vontade de morar em cada uma delas. Vi os tão famosos diques. Não são em geral como se pensa, muros de pedra, altos etc. Simplesmente areia com um metro acima do nível da água, bastante largos e em declínio, de modo que as casas do lado oposto estão muito abaixo do nível. O Porto de Amsterdã é muito mais movimentado do que o do Rio. O navio vai muito devagar para evitar abalroamento.

Chegando ao porto, estavam lá os frades — não andam de hábito em Amsterdã —, que gritaram em francês: "*Les deux brésiliens sont- its lá?*".

Eu respondi: "*Oui, monsier du frac!*". Foi uma gargalhada geral dos que me ouviram (e compreenderam). Eu pensava que fosse um pastor protestante. Depois é que fiquei sabendo que é proibido sair à rua de hábito.

Chegamos às 4 horas e às 5 tomamos o trem para Heerlen, ficando em casa do rapaz que já me tinha escrito muitas vezes. Os trens são muito diferentes dos daí; os vagões são divididos em quartinhos e cada quartinho tem lugar para seis a oito pessoas. Há a primeira, a segunda e a terceira classes. As duas primeiras quase não são frequentadas, mas a terceira é muito. Tendo viajado umas duas horas, entraram em nosso carro dois rapazes do colégio, que logo nos reconheceram. Cumprimentaram-nos muito afetuosamente, dando-nos as boas-vindas. Em Heerlen, fomos recebidos como príncipes; dormimos no melhor quarto da casa, fumamos Havana e bebemos vinho de Samos e Bordéus, conversamos até quase meia-noite. Seja dito só entre nós: parece que comigo têm mais intimidade, penso que devido ao meu gênio alegre. Com o João, parece que têm mais cerimônia. Cada dia fazem uma nova espécie de comida e sempre a mesma pergunta: "*Smaaht get?*", a que respondo: "*Ya!*". Por duas vezes tive de cantar alguma coisa, e escolhi o Hino Nacional, que foi muito aplaudido.

Já compreendo alguma coisa em holandês, mas falar ainda não. Sittard, onde está o colégio, é bem grande: 25 mil habitantes e tem aspecto de cidade grande. Heerlen, onde estive, é maior: 40 mil habitantes e também mais bonita. Mas Maastricht, 60 mil, é mais bonita que Belo Horizonte. Uma estação colossal, mas pensem que de lá saem doze linhas e a quantia média de carga é de 40 a 70 carros. Somos aqui 125 alunos, sendo Retórica a classe mais adiantada, onde estou, de onze meninos. Leva como prerrogativa um boné vermelho com cordéis dourados. Os dormitórios, isto é, dos médios e grandes, são dois grandes salões divididos em quartinhos. Esta manhã a água da minha bacia tinha uma camada de gelo de uns quatro centímetros.

Mesmo assim ainda não caiu neve depois que chegamos. Aqui todos os meninos fumam e até muito, e como aí é sinal de educação oferecer cafezinho às visitas aqui se oferecem charutos. Gosto muito daqui. Peço-lhes licença para terminar, pois tenho mais que escrever. Como vão indo vocês aí? Lembrei-me muito de Júlia quando via uma coisa interessante e na verdade uma viagem como a minha vale muito. Peço-lhes que escrevam-me longas cartas. Se me escreverem do dia 10 de março até 10 de abril o endereço é este: Stationstraat 50 – Heerlen – Holanda.

Enviando muitos navios de abraços e saudades, termina o irmão que muito as estima.

Antônio

A próxima viagem em que frei Orlando cruzaria o Atlântico do Brasil para a Europa não teria um objetivo semelhante, nem dias felizes o aguardariam.

Ele iria para a guerra!

✢✢

A Europa não era o cenário tranquilo que de longe aparentava.

A Holanda que Antônio estava encontrando, bela terra dos moinhos de vento, das tulipas, do queijo (especialmente Edam e Gouda) e da cerâmica de Delft, talvez porque a sua longa guerra de independência tivesse estado intimamente ligada aos conflitos religiosos desencadeados pela Reforma e pela Antirreforma, tinha uma longa tradição de tolerância e liberdade. A maioria da população (cerca de 60%) não se considerava parte de credo religioso algum. Do restante, cerca de 20% denominavam-se católicos e o restante, protestantes, principalmente ao norte do país — a maior parte pertencente à Igreja Reformada Neerlandesa.

O povo, sempre simpático, ordeiro e acolhedor, muito voltado para as atividades agropecuárias, concentrava-se em poucas áreas urbanas, como Amsterdã, Utrecht e Rotterdã, que já era um dos maiores portos da Europa. A língua oficial era o holandês (neerlandês), tendo o frisão, falado principalmente na província de Frisa, ao norte, como outra língua considerada também oficial. A maioria dos holandeses falava também o alemão e o francês. O país era dividido em duas partes pelos rios Reno, Waal e Mosa, possuindo alguns outros dialetos de origem germânica.

Antônio cedo se ambientou, como podemos entrever nas linhas de suas cartas no decorrer dos anos.

À mãe, Dona Emirena, ele dizia, em 1931:

> [...] Encanto-me com as tulipas e tudo aqui é de uma beleza incomparável, só mesmo encontrada no nosso Brasil.

Logo depois, dirigia-se à irmã, Titi, em 16 de julho de 1931:

> [...] Veja o meu horário: levanto-me às 8 horas da manhã, vou à Missa e comungo, às 9 café, às 9h30 mais ou menos vou de bicicleta às diversas aldeias da redondeza, à uma é hora do almoço, das 2 às 5 novo passeio de bicicleta ou de trem, às 5 café: depois do café sempre se reúne a família inteira na sala de visitas, onde ficamos conversando e escutando rádio até às 11 ou 11h30. Depois, toco para a cama.

Na ocasião, Antônio e seu colega brasileiro, João, estavam hospedados na casa da família Bayens, um procedimento normal com os seminaristas recém-chegados do estrangeiro e que na visão da ordem precisavam familiarizar-se com a língua e os costumes locais para só então iniciar as aulas propriamente ditas.

[...] Estou passando um mês na casa de uma família que se chama Vanrijn, onde sou tratado como em casa da família Bayens. Talvez melhor ainda, devido às circunstâncias, pois aquela família eu conhecia pelo menos de nome e esta não; depois de um dia aqui, tanto eu como os da família estávamos completamente familiarizados. Aqui são seis filhos e os pais: três moças, sendo a mais nova vinte e dois dias mais moça que eu, um rapaz que vai se casar daqui a um mês, e os dois garotos de nove e onze anos. Só vendo que festa aprontamos por aqui. Os dois menores, então, aproveitaram da minha paciência: ora consertar uma bola, ora fabricar moinhos etc. O grande quer sempre que eu o acompanhe nas viagens de bicicleta (pois em dois dias eu já podia percorrer toda a cidade sozinho) e as moças pedem que eu as ajude, ora na máquina de lavar roupa, ora na bomba d'água, de modo que todos chamam pelo Tony! Aqui me chamam *onzekleinebroeder*, o que quer dizer: o nosso irmãozinho. Agora posso conhecer bem os costumes de uma família holandesa, pois na casa do Sr. Bayens, sendo todos homens, é mais, por assim dizer, diferente. Aqui não; mais tarde, pelas 10h30, vamos rezar juntos a oração da noite e um terço; depois, as duas moças mais velhas vão lavar as xícaras de chocolate e a mais nova anelar os cabelos; os dois pequenos vão imediatamente para a cama, depois de terem dado um beijo no pai e na mãe; depois as moças se despedem dos pais com um beijo em cada um e o mesmo faz o rapaz. Quanto ao que me toca, recebo um aperto de mão, sem beijos, mas muito familiarmente.

Essa família tem um grande negócio de queijo, com alguns milheiros de queijos, que são, mais ou menos, cinco vezes maiores que os daí.

O João se acha em casa de uma outra família, mais rica e mais luxuosa que esta; contudo não troco o meu lugar, pois aqui me dou muito bem, muito familiarmente, o que não se dá com ele. Estive um dia deste em Haia (já fui lá quatro vezes). É uma bela cidade, contudo não tem o aspecto das cidades milionárias como o Rio. Roterdã é mais movimentada, lá sim a gente percebe um aspecto de cidade industrial e comercial. Delft, onde estive, é uma velha cidade recortada de canais cheios de barcos e navios pequenos, cruzada de pontes, não retas, mas abauladas. Diz-se que esta é a cidade mais bela da Holanda, e cada estrangeiro que pisa aqui no país vem a Delft para ver os canais. Na verdade, é uma vista magnífica!

Célebre aqui é uma igreja que está em poder dos protestantes, onde se acham sepultados os reis da Holanda. A torre é de 110 metros de altura; ainda é célebre uma outra igreja, "Oucle Jan" (Velho João), cuja torre é oblíqua com um diferença de 1,20 metro. Também é muito visitado um velho convento onde foi morto o primeiro rei da Holanda, um espanhol, durante a guerra entre Holanda e Espanha.

Quanto ao mais, nada de extraordinário.

Em Haia, estive na praia balneária Scheveninger. Só vendo que multidão! Todos aproveitando o ar fresco do mar. Lá só é permitido nadar às pessoas de 12 anos para baixo. Você não pode fazer ideia da quantidade de gente que se reúne ali; cada um leva o seu almoço para a praia e fica lá o dia inteiro brincando. Lá se acha uma das maravilhas da Europa: uma ilha construída sobre colunas de aço, a 300 metros da praia. Só mesmo vendo para poder calcular que obra colossal!

Certamente tenho ainda muita coisa a escrever, mas o tempo! Estão me chamando para sair de bicicleta. Peço-lhe perdão por tanta pressa, mas certamente você ficaria satisfeita sabendo que passo bem e arranjei bons amigos. Agradeço-lhe de todo coração a importância que você me manda pelo frei Paulo.

Aceite um abraço do irmão

Antônio

Algum meses depois, em 8 de janeiro de 1932, ingressou na ordem Franciscana, em Hoogkrutz, onde fizera profissão de fé simples.

Já em 1933, com apenas 20 anos, Antônio tinha deixado para trás aquele Tonho travesso, aventureiro e quase irresponsável da infância e da juventude. Continuava brincalhão e alegre, porém a introspecção, que antes só o acometia na igreja e quando se ocupava das coisas da religião, era sua companheira cada vez mais constante, a ponto de impressionar os colegas do Seminário, que em diversas ocasiões o encontravam sozinho, caminhando por locais isolados, a cabeça baixa e tirando baforadas do inseparável cachimbo.

— O que fazes aí tão isolado, irmão? — perguntavam nas primeiras vezes.

— Converso com o Pai — respondia Antônio, sem se deter.

Até os familiares notaram a transformação que se operava no jovem seminarista. E o teor das cartas foi mudando, sendo agora eles que escreviam expondo problemas, dificuldades e dúvidas e pedindo a sua opinião.

Em março, opinou com extrema maturidade para a irmã Clara, bem mais velha que ele, diante da dúvida em persistir em tornar-se freira ou se casar.

> [...] Compreendo a tua situação e suponho que talvez tenhas certo remorso ou talvez escrúpulos; no entanto isso não deveria ser assim. Se é assim como suponho, trate de deixar esses escrúpulos, pois Nosso Senhor não gosta de gente escrupulosa. Quem sabe se tens remorso de ter abandonado teu antigo espaço e a vida aí no mundo te cause profundo tédio? Mas pensemos bem no caso: pensas que eras obrigada a seguir a vida religiosa? Não! Deus te chamou, mas te deixa inteira liberdade no sim e no não. Escolheste o último, agora te resta o dever de cumprir as obrigações que o mundo requer. Preferiste um esposo humano ao divino, agora procure servir a este sendo fiel àquele. O matrimônio é também um sacramento e nele adquirirás forças para cumprir os teus deveres de casada. Quem sabe se Deus te destinou para no mundo dares um verdadeiro exemplo de mãe cristã? Quão belo é o ideal daquelas que se entregam ao serviço de Deus pelos laços do matrimônio! E talvez sejam maiores os merecimentos de uma esposa paciente e virtuosa do que os de uma freira longe do rebuliço da vida. De minha parte, se é isso que esperavas, podes casar-te quando quiseres, contanto que seja o mais depressa possível, de modo que a tua preparação para o grande dia não seja um tempo de sensualidade, mas antes um tempo de profunda meditação e devoção.

Diga a Nosso Senhor depois de tuas comunhões: Iluminai, ó meu Jesus, a minha vida, a minha inteligência, para que eu saiba o que deva saber e, como Samuel, escute a Voz de Deus! Além disso, ore com a maior devoção possível antes de dar o sim definitivo. Que o teu futuro esposo tenha todas as qualidades que a Igreja requer para seus filhos, isto é, que ele seja católico praticante e fervoroso, que não se envergonhe de o ser. Que as suas boas qualidades não sejam um resumo dos qualificativos que para as mulheres formam o noivo ideal. Mas antes seja o seu procedimento irrepreensível, bem como a sua virtude; sendo estas, como convém a um católico, as únicas coisas que decidam o seu consentimento.

Sobretudo, cuide que o teu amor não seja uma paixão, mas sóbrio, fiel e casto.

Do teu irmão

Antônio

A essa altura, Antônio já passou a assinar: Frei Orlando, ofm.

✣ ✣

Em maio de 1934, voltou a escrever à irmã Clara:

[...] Apesar do tempo esplêndido desta manhã de primavera, apesar de ter dormido excepcionalmente bem, e não obstante meu cachimbo fumegar, que é uma delícia para se ver... e cheirar, contudo faltam-me ideias, e não sei totalmente nada para te escrever.

Questões político-sociais (meu assunto predileto nas cartas para Jeová) certamente não te interessam. Um pouco de filosofia, talvez? Mas espere, já sei uma coisa, Gonçalves Dias disse: "Minha terra tem primores como tais não encontro eu aqui", mas eu inverto as frases e digo: aqui tem um primor como tal não encontro em minha terra! E refiro-me então à primavera. Nós que moramos no país da primavera eterna não podemos fazer uma ideia adequada daquilo que os europeus entendem por primavera. É verdadeiramente um encanto ver como a natureza nessas regiões no norte da Europa morre e ressuscita a cada ano.

Quando cheguei aqui, estávamos no coração do inverno e tive a impressão de que chegara ao Saara: árvores sem folhas, terra sem verdura alguma. Tudo fica seco pelo frio. Sobretudo nesta região onde estou agora, tem a natureza um aspecto triste durante o inverno: o terreno aqui é coberto de areia, e há um século atrás crescia nestas terras só uma espécie de capim muito raquítico. Mas os holandeses, práticos como são, mudaram tudo, de modo que só em poucos lugares se pode ver ainda o estado primitivo do solo; pelo resto transformaram a terra em trigais enormes e bosques de pinheiros. Pois bem: durante o inverno voltam esses trigais ao aspecto antigo: deserto, areia! Mas depois tornam-se verde-claros, o trigo começa a brotar, daí a pouco só se vê um mar de verdura; da janela da minha cela estende-se um trigal de mais ou menos dois quilômetros, tudo verdinho que é uma delícia de ver! As árvores estão de novo verdes, os pássaros já voltaram, pois a maioria deles muda-se para o sul durante o inverno; o Sol anda agora mais esperto, de costume ele é tão preguiçoso. Dos 365 dias do ano, só aparece no céu uns 65! No resto se esconde atrás das nuvens de neblina. Isto é insuportável. Mas a primavera recompensa tudo, ela aqui é tão bonita!

Aqui vemos a justiça de Deus; na verdade, a natureza da Holanda é paupérrima, mas os homens que Deus fez morar aqui fazem da primavera, durante alguns meses do ano, uma das mais bonitas do mundo.

Mas quando receberes esta estarei no começo do verão, então quase se derrete de calor, o meio-termo parece desconhecido. Mas, em todo caso, prefiro o clima do Brasil, sobretudo o tempo frio. Ah, aquele céu sempre azul eterno — e aquele friozinho tão ameno, é mesmo um tempo ideal, pelo menos para mim.

É sempre agradável admirar as belezas da natureza, e isto é justamente uma qualidade particular dos filhos de São Francisco, o Louvador de Cristo; e eu, como um bom filho dele, sigo o seu exemplo e repito com o salmista: "Bendiga o

> Senhor o fogo e a água, o calor e o frio, as aves do céu e os habitantes do mar... *omnia opera Domini, benedicite Domino* — todas as obras de Deus, bendizei ao Senhor".

O então frei Orlando, nome que adotara na ordem, não se desligava, porém, dos problemas conjunturais de sua época, e em carta de 2 de agosto de 1934 assim se expressou:

> Queridos irmãos
>
> [...] Agora sei que a razão do homem varia como o vento... Muitos problemas são intricados, mas as soluções que vemos não me satisfazem o espírito.
>
> [...] Aqui neste lado do Atlântico as coisas vão de mal a pior. Todo o mundo espera uma catástrofe, mas para quando? As pessoas que presenciaram o início da Primeira Guerra Mundial dizem que agora tudo é semelhante a 1914...

Naquele mesmo mês, agosto de 1934, decorridos pouco mais de dois anos de sua chegada à Holanda, o então frei Orlando foi transferido para o Convento de Alverne de Wyclen, no qual cursaria Teologia Fundamental e emitiria votos solenes em 8 de setembro de 1935. Antes disso, em 16 de março, na vizinha cidade de Hoertogenbosch, juntamente com 32 outros franciscanos, frei Orlando recebera a tonsura e, dias depois, as quatro ordens menores.

✢✢

Realmente, a Holanda, com sua enorme fronteira com a Alemanha e por sua posição geopolítica, não podia deixar de ecoar o que acontecia no poderoso — e então caótico — vizinho. A população holandesa estava inquieta desde os primeiros anos da década de 1930, assistindo aos preparativos acelerados de Hitler, depois de assumir o poder, visando ao rearmamento e ao ressurgimento do país rumo à guerra. Por toda a Europa Continental eclodiam manifestações, conflitos, arruaças. Até a pacífica Holanda foi palco de pequenas revoltas por alegadas razões trabalhistas.

Logo aquele barril de pólvora explodiria, dizia frei Orlando em suas cartas ao irmão Jeová. Porém, suas maiores preocupações, externava para o irmão mais velho, estavam no Brasil, onde assistia assombrado desvanecer-se o sonho da Revolução de 1930 de uma democracia plena e justiça social. A luta fratricida entre mineiros e outros brasileiros contra os paulistas que aspiravam a uma constitucionalização do país, em 1932, deixou-o extremamente triste.

Começou a aspirar, depois de ordenado, ser missionário na China.

Mas e a China? Na época, sempre o quintal das grandes potências, mergulhada numa guerra civil que se alongava e ameaçada pela invasão japonesa.

Frei Orlando — ainda não ordenado sacerdote — voltava-se, então, cada vez mais para os "seus" pobres, também tão presentes nos desempregados e famintos flagelados pela crise decorrente da quebra da Bolsa de Nova York, que vagavam por ruas, vielas e campos da outrora próspera e feliz Holanda. Procurava não se lembrar a todo momento das favelas e palafitas do Brasil, mas isso era cada vez mais difícil.

Entretanto, embora grande parte do mundo ainda se iludisse, crendo que a paz se manteria numa Europa ainda mal cicatrizada das feridas da Primeira Guerra, o jovem frei Orlando percebia, preocupado, o rufar dos tambores de guerra na vizinha Alemanha e na Itália.

6_ De novo nas Minas Gerais

Logo depois, em 28 de setembro de 1935, os habitantes de Morada Nova foram surpreendidos por aquela figura de franciscano, de altura média, magro, porém musculoso, em seu hábito marrom, as sandálias rangendo pela rua principal em direção à casa de dona Ninita.

O alvoroço foi total, pessoas saíram de casa para saudá-lo aos gritos, outras acenavam das janelas. Em pouco tempo os sinos da igreja estavam tocando bem alto nas conhecidas badaladas de festa. Todos não cabiam em si de alegria e satisfação. Fora uma ausência de quase cinco anos e com o regresso parecia que o passado voltava por breves instantes. Abraços, visitas aos amigos, cavalgadas pela cidade — agora não mais de costas —, pescarias, banhos no rio, diária ajuda na paróquia e visitas aos pobres.

Mas ele estava diferente...

Não mais se separava do enorme cachimbo nem dispensava o caneco de vinho, que trouxera da Holanda, ao jantar. Cedinho pela manhã podia ser visto, fizesse sol ou estivesse frio, caminhando no fundo do quintal com um livro aberto, rezando por mais de uma hora. Já usava óculos então. O mesmo fazia por volta das 18 horas, e ninguém ousava perturbá-lo, pois, completamente absorto, ele parecia não ver ou ouvir o que acontecia à sua volta. Toda manhã ia à missa e depois procurava os pobres e doentes do povoado carregado de alimentos, roupas e remédios que pedia aos comerciantes e moradores.

Nisto era acompanhado pelos velhos amigos de infância em meio a alegria, piadas e risos.

Contudo, a ideia de ser missionário na China ainda não o tinha abandonado, mas vinha sendo cada vez mais abalada pela miséria crescente que via em torno de si e presenciara na viagem de volta, principalmente no Rio de Janeiro. Até mesmo na sua Morada Nova o número de pobres parecia ter aumentado em proporção ao da sua infância.

De um lado, frei Orlando assistia com tristeza e consternação refletir-se no Brasil a situação da Europa, onde o radicalismo nazifascista invertia valores e esmagava os ideais democráticos. Depois da Revolução Constitucionalista de 1932, em São

Paulo, pela democratização, em 1934 instaurara-se um pseudorregime constitucional desde o início fendido entre duas minorias atuantes: os comunistas da Aliança Nacional Libertadora (ALN) e os fascistas da Ação Integralista Brasileira (AIB). De outro lado, havia a tendência ditatorial do governo Vargas, que flertava com os dois grupos em proveito próprio, a ponto de eclodirem a chamada Intentona Comunista em 1935 e o Levante Integralista em 1938.

Em meio a tudo isso, nenhuma preocupação com a situação social do povo, que a partir de 1937, com o decretado Estado Novo, passou a viver na mais completa e declarada ditadura.

Cada vez mais vinham as lembranças da Holanda, da França e da Alemanha, países cujos povos conhecia e, apesar da crise, contrastavam em muito com o paupérrimo caboclo brasileiro. Frei Orlando entendia isso e já externara para os seus superiores na Holanda que servir a Deus não deveria resumir-se ao simples pastoreio nas paróquias ou ao comodismo das instituições religiosas.

Queria estar junto aos pobres, amá-los e ajudá-los, inclusive materialmente, agir, fazer! Certamente, entre outras razões, esta foi uma que motivou a decisão do Seminário na Holanda de enviá-lo de volta ao Brasil, onde terminaria o noviciado.

A essa altura, já começava a perceber que o seu juvenil sonho de ser missionário na China ficava cada vez mais distante.

Na Ásia, a situação cada vez mais se agravava, já existindo um estado de guerra latente da China com o Japão, que se estendia desde a derrota chinesa na guerra sino-japonesa de 1894-1895 com a invasão japonesa da Manchúria. Na mesma época, a situação interna, com a guerra civil entre o chamado governo central sob a direção de Chiang Kai-shek e os comunistas liderados por Mao Tse-tung, transformou o país num caos absoluto. Em julho de 1937, após a batalha da Ponte de Marco Polo, o conflito tomaria proporções de guerra total com os bombardeios de cidades abertas como Xangai e Nanquim, deixando cerca de 300 mil civis mortos, em dezembro do mesmo ano.

Porém, em Morada Nova, somente por alguns meses frei Orlando pôde desfrutar daquele mergulho no passado em companhia da querida mãe, dos parentes e amigos. Suas andanças com o seu hábito — e que prazer tinha em usá-lo nas ruas, o que era proibido na Holanda —, sandália, cordão atravessado na cintura, pela cidadezinha onde nascera tinha os seus dias contados.

Naquele mesmo ano de 1935 apresentou-se ao Seminário dos franciscanos da cidade de Divinópolis, seu velho conhecido. Lá, em 24 de outubro de 1937, dois anos depois do seu regresso ao Brasil, aos 24 anos de idade, recebia ordens eclesiásticas o filho de Morada Nova. Alguns anos depois, em carta para as irmãs, escreveria:

> [...] Como me lembro do momento feliz daquela manhã! [...] e das cinco margaridas que vocês pediram a frei Osório para colocar na minha cela... e das suas palavras ao mostrar-me: "Estas margaridas têm um significado, caro frei Orlando, porque foram cultivadas com muito carinho por suas irmãs, que, não podendo entrar na clausura, desejavam estar unidas a você todos os dias". [...] Perguntaram se reafirmava minha fé em Jesus, mas como? Nunca pensei em deixá-lo!

2

São João del-Rei

A cidade dos sinos, das lendas e do 11º Regimento

1_ As sandálias do franciscano pelas trilhas dos inconfidentes

Nem terminara ainda o ano de 1937 e frei Orlando se apresentou no Colégio de Santo Antônio, dirigido desde 1908 pela ordem Franciscana. Chegava assim, aos 24 anos, à tradicional cidade que acolhera Tiradentes e seus companheiros na primeira tentativa de independência do Brasil. Ao caminhar em direção ao colégio onde iria lecionar e também assumir a direção espiritual da Ordem Terceira, frei Orlando sentia sob as suas sandálias a firmeza daquele chão de rústicas pedras, enquanto os seus olhos, que tinham passeado pela arquitetura europeia, extasiavam-se com a mescla de estilos, barroco passando para o ecletismo do século XIX, já demonstrando as mudanças ocorridas no século XX.

Frei Orlando respirava e sentia a história de São João del-Rei ao percorrer as ruas de uma das mais antigas cidades de Minas Gerais. Na sua cabeça de jovem, as lendas misturavam-se com os fatos históricos à medida que avançava entre os tradicionais casarões da época colonial. Pensava se aquele era o caminho para o seu almejado objetivo de ser missionário na China.

Em São João del-Rei, realmente fatos históricos, lendas e mistérios — até hoje não elucidados — estão juntos na imaginação popular, todos de inegável beleza, altruísmo, patriotismo, heroísmo e romantismo. Distante cerca de 180 quilômetros de Belo Horizonte, no Campo da Vertentes de Minas Gerais, São João del-Rei é uma das cidades que integravam a chamada Estrada Real, compondo o Ciclo do Ouro, que ligava Minas Gerais ao Rio de Janeiro. Tem clima ameno, caracterizado por verões quentes e úmidos, e está inserida na bacia do Rio Grande, sendo o rio das Mortes o principal entre os que banham a cidade. A mineração e principalmente o ouro sempre estiveram presentes nos primórdios do desenvolvimento da região, onde também se respirava liberdade e por ela se lutava.

Bandeirantes havia muito cruzavam a região em busca de riquezas minerais, desde os idos século XVII, com total simpatia da coroa portuguesa, ávida pela exploração do ouro para o sustento da corte em Lisboa.

Os primeiros vestígios da ocupação para início da fixação à terra datam do princípio do século XVIII, e no centro do que é hoje o município, em 1704, paulistas descobriram ouro no ribeirão de São Francisco Xavier, determinando uma verdadeira "corrida do ouro", inclusive por parte de grande número de portugueses. Isso logo acarretou graves divergências que iriam resultar em tragédia.

Nos anos iniciais do povoado foram surgindo vários arraiais mineradores, com casas de taipa, capelas e toda a iniciante estrutura de uma vila.

Depois de algum tempo, bandeirantes oriundos na maioria da chamada Capitania de São Vicente, desde os primeiros momentos da existência do Arraial Novo de Nossa Senhora do Pilar — mais tarde Arraial Novo do Rio das Mortes —, por volta de 1704, não se continham de insatisfação. A razão era a crescente chegada de portugueses beneficiados pelas leis da metrópole.

Logo entrariam em choque com os forasteiros. Assim, antes mesmo de existir como vila de São João del-Rei, em 1713, em homenagem a D. João V, o povoado entraria para a história do Brasil pelo triste episódio do Capão da Traição.

O fato, até hoje lembrado por pesquisas e estudos em São João del-Rei, faz parte da Guerra dos Emboabas (1707-1709), quando paulistas foram atraiçoados e mortos por portugueses numa emboscada sangrenta.

Mas a partir de 1750, mais ou menos, a produção aurífera entrou em crescente decadência na Capitania das Minas Gerais, ocasionando diversas e profundas consequências, entre elas o atraso no recebimento dos impostos devidos à coroa portuguesa e a insatisfação geral que viria a resultar na Revolução Mineira (indevidamente chamada de "Inconfidência"), liderada por Joaquim José da Silva Xavier, o Tiradentes. Dela fizeram parte intelectuais, padres, militares, fazendeiros, comerciantes e gente simples do povo. Esse movimento — o primeiro no Brasil que visava à independência de toda a colônia e sua transformação num único país — tinha seu centro de conspiração em Vila Rica e São João del-Rei, esta escolhida para ser a capital do Brasil independente. Várias figuras de destaque na história do Brasil emergiram nessa época conturbada, desde Tiradentes e os chamados inconfidentes, passando por Bárbara Heliodora, seu marido Alvarenga Peixoto, até dezenas de outros, inclusive a figura da misteriosa jovem mulher encapuzada que na noite da véspera da prisão dos conspiradores percorreu os locais de reuniões e as casas de todos avisando sobre a traição e a prisão iminente.

Coisas de São João del-Rei...

Chamada a Cidade dos Sinos, havia na época em que por lá andava frei Orlando, além dos Cinco Passos da Via Sacra, entre outras, as seguintes igrejas e capelas centenárias: Igreja do Rosário (1720), Catedral Basílica do Pilar (1721), Igreja das Mercês e Bonfim (1769), Igreja de São Francisco de Assis (1774).

No estilo arquitetônico dessas igrejas destaca-se a predominância do "barroco mineiro", o que não escapava à observação do frade, ressaltando-se os altares dourados e os detalhes ornamentais, coisa que ele sempre destacaria nas suas aulas no colégio. Quanto aos sinos de São João del-Rei, constituíam — e constituem até hoje —, com seus toques e dobres, uma linguagem especial e característica decifrada por toda a população.

Avisava-se por exemplo: o acontecimento de qualquer fato extraordinário, grave, importante como se fosse um sinal codificado; o falecimento de alguém e até mesmo a hora do funeral e se era homem ou mulher; a realização de procissões, missas e quem seria o celebrante; festas e comemorações etc.

São João del-Rei é também a cidade do 11º Regimento de Infantaria do Exército Brasileiro, que tem sua origem em 1888, na cidade de Rio Pardo, então Província do Rio Grande do Sul, como o 2º Batalhão de Infantaria; desde 1897 tinha sede em São João del-Rei, e após denominar-se 51º Batalhão de Caçadores em 1909, por volta de 1920, assimilando o 54º BC, se estruturou como a embrionária unidade de montanha do Exército: o 11º RI.

Em suas andanças, durante algum tempo, frei Orlando apenas passou perto do seu aquartelamento... Olhava o 11º RI ao vê-lo desfilar nas datas festivas ou desenvolver manobras e exercícios pelos arredores com um estranho arrepio a percorrer-lhe o corpo e um nó na garganta.

Sentia-se inexplicavelmente atraído — como quando vira um franciscano pela primeira vez.

E o tempo foi passando, enquanto ele lecionava no Colégio de Santo Antônio, que era vizinho do sobrado onde residira Bárbara Heliodora, a "Heroína da Inconfidência", e frequentemente frei Orlando, quando conseguia "um tempinho", participava das aprofundadas discussões sobre os movimentos mineiros pela independência e as figuras que deles participaram, quase todas de São João del-Rei e adjacências. Era um dos que, à luz dos documentos — então recentes — descobertos na Europa, criticavam o enfoque dado pela história oficial a Tiradentes, retratado como um participante menor no movimento — apenas um simples bode expiatório.

Segundo as pesquisas do pequeno grupo que defendia tais ideias, na realidade Joaquim José da Silva Xavier tinha sido, sim, um de seus líderes e articuladores, conforme demonstravam os estudos de diversos historiadores, principalmente europeus. Estes exibiam documentos das ligações de Tiradentes com Thomas Jefferson na Embaixada Americana em Paris. E também, segundo já se sabia em Portugal, documentos existentes no Arquivo Ultramarino de Lisboa comprovavam que o "simples alferes e dentista prático" viajava à Europa para contatos e obtenção de apoio. Planejava uma verdadeira revolução e a independência do Brasil, e já cuidava das ligações, inclusive comerciais. No "Livro da Porta", onde eram registradas as pessoas que chegavam à corte, havia — há ainda — uma anotação referente a Joaquim José da Silva Xavier datada de 4 de setembro de 1787.

Da mesma forma existia — e existe — um registro no "Livro 30" da Chancelaria da rainha D. Maria I.

✢ ✢

Em pouco tempo frei Orlando integrou-se à comunidade, tornando-se amigo de todos, principalmente pelo seu temperamento brincalhão e alegre. Celebrava as suas missas e cumpria com afinco as obrigações religiosas, mas era com maior frequência encontrado junto aos pobres e doentes da periferia da cidade desenvolvendo uma intensa ação de assistência e amparo àquela população que vivia na extrema miséria. Valia-se da sua crescente popularidade e do seu conhecimento junto aos ricos e mais abastados comerciantes, fazendeiros, industriais e paroquianos para angariar doações em alimentos, roupas, remédios e conseguir emprego para os desamparados. Estava sempre à frente da maioria das iniciativas de caridade locais, sempre seguido por jovens e adultos que procuravam ajudá-lo.

Era o mesmo de Morada Nova, que dava comida na boca do leproso.

Com o passar dos anos tornou-se um apaixonado pela cidade, por sua gente, sua história, seus monumentos, suas lendas e seus feitos heroicos. Era um estudioso dos templos coloniais, visitando-os com frequência, particularmente as igrejas de São Francisco e do Carmo. Nesta ficava horas diante da imagem do Cristo Inacabado e pesquisando sobre a mobília de jacarandá e a sala dos milagres.

Entretanto, sempre era mais visto, de forma cotidiana, pelas ladeiras íngremes das favelas e seus amontoados de barracos nos quais não havia saneamento básico nem iluminação ou água encanada. Ali, as chamadas pessoas da sociedade — principalmente os membros da associações religiosas e as senhoras ilustres da cidade "muito católica" que promoviam chás de caridade — não ousavam ir.

Lá campeavam a fome e a mais completa miséria.

Se não estava no colégio ministrando aulas ou celebrando missas, certamente poderia ser encontrado com uma velha carroça e até mesmo um carrinho de mão, pedindo pela cidade alimentos, roupas e remédios para os "meus pobres" (maneira carinhosa com que chamava os pobres e logo depois passaria a chamar os soldados da Força Expedicionária Brasileira, a FEB: "meus" pracinhas). Isso quando não estava enfiado nos lugares mais estranhos, ermos e até julgados perigosos, conversando, doando alimentos, abaixado junto a um ou outro necessitado, fazendo um curativo, dando um banho... ajudando.

Tinha sempre consigo a Bíblia e o cachimbo, inseparáveis. E em meio a oportunas citações evangélicas sempre com suas piadas e gargalhadas.

De fato, frei Orlando era uma figura carismática, e quem o via em ação jamais o esquecia.

Estatura acima da média, rosto redondo, aspecto físico em geral demonstrando sua ascendência portuguesa e com os indefectíveis óculos, à primeira vista parecia um intelectual, um frade até mesmo sofisticado para os padrões franciscanos: hábitos quase sempre velhos, remendados e rotos. Frei Orlando trouxera da Europa — nas ruas da Holanda era proibido usar hábitos ou batinas — várias batinas e vestes clericais praticamente novos. Além do mais, era muito zeloso com eles e elegante ao vestir. Mas não havia vaidade nisso! Cuidava da própria roupa, lavava e passava — engomava inclusive — as peças, mas com essa mesma indumentária limpa e impecável trilhava os caminhos cheios de lama ou poeira que levavam aos pobres da periferia de São João del-Rei, curvando-se ou sentando no chão para ajudar os mais velhos e doentes, ouvi-los em confissão ou nos seus reclamos e dificuldades.

Aí se desnudava a alma de frei Orlando, o discípulo de São Francisco!

Aqueles hábitos trazidos do Seminário na Holanda não duraram muito, pois também os compartilhava com os outros frades. Mas, da mesma forma que não gostava de ser chamado de vaidoso, não admitia quando algum dos carentes aos quais levava ajuda murmurava que ele era um santo. Então exclamava com firmeza:

— Santo, eternamente Santo, só Deus Onipotente!

Era comum bater às portas das famílias mais importantes da cidade. Assim foi com os Nascimento Teixeira, sempre avançando com o seu vozeirão arrasador e o seu sorriso franco, pedindo para os pobres. De lá saiu com mais um seguidor, ou melhor, uma seguidora incondicional, a jovem Afra do Nascimento Teixeira, adolescente que sempre o seguiria — mesmo depois da partida do frade — no trabalho e nas obras de caridade, até a sua morte precoce aos 15 anos.

Naquele primeiro dia na mansão Nascimento Teixeira, frei Orlando não desviara a atenção nem por um instante da ativa menina que se desdobrava em conseguir o apoio do pai e da mãe para o que o frade pedia. Com entusiasmo, metia mãos à obra, tomando providências e ajudando a recolher os sacos de mantimentos na carroça do frei... e perguntava muito... com os olhos brilhando à medida que o frade, vibrante, falava do seu trabalho.

Ao sair, depois de já ter se despedido da jovem no portão, subiu na carroça. E já na boleia perguntou:

— Se quer ajudar mais, venha... siga-me!

E a garota rapidamente saltou para a carroça, após um olhar de aprovação do pai.

Dali seguiram para uma espécie de favela, um lugar chamado "Pau de Angá", nos arredores da cidade, uma das muitas áreas pobres e desassistidas de São João del-Rei, onde até mesmo a polícia temia penetrar. Frei Orlando, porém, era efusivamente saudado pelos moradores enquanto ia penetrando pelo difícil caminho, até que a carroça não pôde mais avançar. Envolvido pelos moradores, agilmente pulou para o chão, seguido por Afra. Logo os mantimentos foram sendo abertos e as pessoas, sem tumulto, mas de forma que fugia ao controle do frade, deles se apoderavam. Sem perder o ar alegre e brincalhão, ele foi se afastando junto com Afra, dizendo então para a adolescente:

— Entende por que precisamos de você? É preciso organizar a caridade... Você vai fazer isso para a gente, não é, Afra?

Mais adiante, subindo por um caminho íngreme e difícil, frei Orlando conduziu Afra para aquele que parecia ser o pior dos barracos da favela, quase um buraco cavado no barranco. Eles acercaram-se sozinhos, todos os demais moradores ficaram observando a alguma distância. O frade, na porta, abaixou-se um pouco — era bem mais alto que Afra — e falou baixinho no seu ouvido. Ninguém escutou, só ela, que encarou o religioso por um instante e em seguida entrou. Ele deixou-se ficar ali fora por cerca de uma hora, a maior parte do tempo recostado no umbral, os braços cruzados, as mãos metidas pelas mangas do hábito, atitude comum nos franciscanos.

Aparentava aguardar por algo que acontecia no interior do humilde barraco onde a jovem entrara. Dentro em pouco ela ressurgiu, sorridente nos seus 13 anos, e sem nada falar um com o outro foram andando em direção à carroça. Já iam se afastando quando alguns moradores entraram no aposento para logo sair, gritando e acenando, alegres.

Em pouco tempo toda a São João del-Rei soube o que Afra fizera lá dentro, bem ao estilo franciscano de frei Orlando: catara os piolhos, dera banho e trocara a roupa de uma velhinha tuberculosa que dias depois viria a morrer.

2_ A Sopa dos Pobres

Sem jamais descuidar-se de levar a Palavra de Deus aos pobres e necessitados que visitava cotidianamente, ministrando os sacramentos, orando com eles, distribuindo exemplares da Bíblia, frei Orlando preocupava-se, e muito, com o socorro e o auxílio materiais. Sabia, como sempre dizia ao grupo que o seguia, que "se a barriga grita 'estou com fome!', a pessoa não tem condições de pensar em Deus". Por outro lado, sempre que conversava com comerciantes, fazendeiros e industriais, além de pedir doações — nunca em dinheiro, o que não aceitava —, solicitava oportunidades de emprego para os pobres que reabilitava da miséria.

Corriam já os últimos anos da década de 1930.

Aquela não tinha sido uma sequência de anos da qual a humanidade se lembraria sem lamentar que tivesse acontecido. Frei Orlando, agora na distante São João del-Rei, não se afastava, preocupado, dos acontecimentos do outro lado do mundo e também dos seus reflexos no Brasil. Entre 1931 e 1935, período em que estivera no Seminário na Holanda, pudera acompanhar de perto a evolução da gestação do ninho de serpentes na vizinha Alemanha e também na Itália. Na sala de aula onde estudava Teologia e Filosofia podia reunir a teoria à prática, pelos ensinamentos que recebia e pelo exemplo negativo do outro lado da fronteira. Os professores falavam do que não era segredo para ninguém: a Alemanha se reerguia revanchista, ferida e racista, segundo o nazismo de Hitler.

A análise histórica, apesar do pouco tempo decorrido, já nos permite hoje evidenciar que o que ocorreu no Palácio de Versalhes, onde se reuniram os representantes dos 32 países que assinaram o acordo que deu fim à Primeira Guerra Mundial, de fato foi uma simples e fria imposição de vencedores sobre vencidos e não um acordo. Em junho de 1919, quando já se falava em "Grandes", na ocasião os "Três Grandes", Estados Unidos, Inglaterra e França, por intermédio dos seus líderes, respectivamente o presidente Woodrow Wilson e os primeiros-ministros David Lloyd George e George Clemenceau, lançaram as sementes da Segunda Guerra Mundial.

O Tratado de Versalhes, que dizia pretender devolver a paz à Europa e ao mesmo tempo eliminar o potencial bélico e industrial alemão, de fato em curto prazo criou uma nova realidade marcada pela postura imperialista dos vencedores e pelo fortalecimento do sentimento nacionalista e de vingança da Alemanha.

Obrigada a entregar todo o seu equipamento bélico (canhões, metralhadoras, morteiros, aviões, navios de guerra e também locomotivas, vagões, caminhões etc.), a retirar as suas tropas da região do Reno próxima da França, a reduzir o efetivo do exército — transformado numa espécie de milícia —, foi proibida de se unir à Áustria e perdeu todos os seus territórios na África e na Ásia. Na Europa, o país foi obrigado a devolver as regiões da Alsácia e da Lorena à França e as regiões de Dantzig (de população predominantemente alemã) à Polônia.

Além disso, o governo alemão foi obrigado a pagar pesada indenização não somente aos países que tinham sido invadidos, mas também aos Estados Unidos, à Inglaterra e a algumas de suas colônias, fortalecendo o imperialismo britânico.

A Itália, apesar de haver lutado na Primeira Guerra ao lado dos Aliados, contribuído com recursos materiais no esforço de guerra e ter parte de seu território ocupado e destruído durante o conflito, ficou à parte dessa divisão de despojos pelos vencedores. Isso além de ter perdido — naquela nova reengenharia do mundo — os territórios na fronteira com a Áustria e a Dalmácia, não tendo considerada a sua pretensão de anexar a Albânia.

Do outro lado do mundo, na Ásia, o Japão, não diretamente envolvido no conflito e mais ocupado com a questão chinesa, perdeu os seus territórios no litoral da China para a Inglaterra e a França, vendo-se assim mais limitado na sua escassez de matérias-primas.

O imperialismo atingia o seu auge e avançava temerariamente, tentando manter o sistema colonial, principalmente na África e na Ásia. Os países vencedores da Primeira Guerra Mundial mantinham e ampliavam o seu domínio político e principalmente das reservas estratégicas do mercado, particularmente o petróleo, reduzindo o espaço econômico das demais nações.

Já para os países derrotados e para a Itália e o Japão, a perda de territórios e de influência significava o estrangulamento econômico.

Na Alemanha o caos instalou-se imediatamente após a queda da monarquia, julgada culpada pela derrota. As instituições entraram em colapso em meio ao desemprego, à fome e à miséria da população, que vagava aos bandos pelas ruas. Com uma nova Constituição foi instaurada a chamada República de Weimar, que tentou governar dentro das limitações impostas pelo Tratado de Versalhes, o que se mostrou impossível, seguindo-se crises, greves, manifestações e arruaças num quadro de hiperinflação. Logo surgiram diversos partidos políticos, inclusive o Nacional Socialista (nazista), que logrou chegar ao poder num sistema de coalizões, elegendo Hitler chanceler (uma espécie de primeiro-ministro). Após a morte do presidente Hindenburg estava instalada a ditadura nazista, que logo repudiou o Tratado de Versalhes, segundo uma filosofia de solução dos problemas alemães pela força, pela xenofobia, pelo racismo e pela conquista do mundo.

De 1935 em diante, a Alemanha de Hitler levou a efeito um formidável esforço de rearmamento: indústrias, instalações e treinamentos militares funcionavam a todo vapor.

E também campos de concentração, fornos crematórios e de extermínio.

Em setembro de 1939 a Polônia foi invadida e teve início — oficialmente — a Segunda Guerra Mundial.

Em São João del-Rei, frei Orlando já era conhecido por toda parte, e não se sabe como ia acumulando as funções de professor do Colégio de Santo Antônio e diretor espiritual da Ordem Terceira com as atividades desenvolvidas por todos os cantos da Cidade dos Sinos e das Lendas. Aos poucos os seus seguidores espalhavam-se por todas as paróquias, e naturalmente núcleos de ação social foram se estabelecendo. Mas, como ele próprio reconhecia, sem maior organização ou vínculos entre eles. Esforçados, desenvolviam por imitação e caridade cristã aquilo que o jovem líder de 27 anos e hábito já desgastado realizava em suas visitas e sua assistência diária aos necessitados.

"É preciso ir adiante", exclamava quando se reportava aos seus superiores na ordem ou segredava em confissão. Lamentava por não ter conseguido socorrer e ajudar a todos os que padeciam pela desigualdade social e pela insensibilidade dos poderosos. Isso o angustiava, principalmente porque antes de qualquer outro grau de necessidade o que se apresentava diante dele, como um terrível espectro, era a fome!

Tal realidade o fazia tremer e quase chorar pela dificuldade cada vez maior de combatê-la, em benefício dos que chamava carinhosamente de "meus" pobres.

— É preciso dar-lhes de comer — dizia irritado para os que o acompanhavam nas suas visitas. — As barrigas deles gritam três vezes por dia: 'estou com fome!'. Como evangelizar, levar a Palavra do Senhor em tais situações?"

Frei Orlando conviveu com tal estado de coisas até o início dos anos 1940, quando, à semelhança do que acontecia na juventude, estalou na sua mente uma daquelas "tremendas" ideias, embora o subconsciente o alertasse, como sempre, para as consequências... e ele, da mesma forma, não desse ouvidos.

O jovem franciscano era um homem de ação e em pouco tempo a ideia de servir uma refeição diária aos pobres foi se alastrando e sendo posta em prática nos núcleos paroquiais e locais diversos onde os seguidores do franciscano atuavam. Inlcialmente sob a forma de uma sopa de legumes, que na realidade era uma sopa de tudo o que de alimento fosse recolhido nas doações pela cidade. Oferecida assim, logo após a coleta pela manhã e cozida em seguida por prestimosas voluntárias, era servida lá por volta do meio-dia de segunda a sábado.

E os meses foram se passando... passando... e o entusiasmo inicial dos voluntários e doadores arrefecendo. O volume das doações começou a cair, logo no momento em que frei Orlando partia para servir verdadeiras refeições e em tal quantidade para cada necessitado, que podia transportar numa vasilha o suficiente para uma família até o jantar. Isso além de estender a ação da "sopa" também aos domingos. Fechando o ciclo semanal.

Mas a tarefa não se mostrava fácil, muito pelo contrário. Todos louvavam o trabalho desenvolvido, em meio a elogios e mesuras que o franciscano detestava, porém distribuir um prato de comida aos pobres, desempregados, doentes, velhos e crianças de rua se tornava cada vez mais difícil. O movimento, sentia ele, carecia de uma organização mais centralizada e um local adequado para que o trabalho pudesse ser realizado com maior eficiência, particularmente no referente às instalações para a cozinha, a um depósito das doações em gêneros, ao acolhimento aos pobres que acorriam e ao espaço para o almoço propriamente dito. O frade sentia também, e muito, a necessidade de conversar, ouvir e falar com cada um dos "seus" pobres, e com eles espalhados pelos diversos pontos de atendimento — todos improvisados — pela cidade isso era impossível.

As gargalhadas tornaram-se cada vez mais raras, e o frade já podia ser visto, ocasionalmente, sério e preocupado. Mas isso não durava muito, pois possuía, como poucos, a capacidade de beber na fonte inesgotável da oração e conseguia tempo para rezar quatro horas por dia!

Dizia sempre ver Cristo em cada pobre necessitado diante de si.

— Era uma luta — contaria frei Orlando a Gentil Palhares, seu companheiro de trincheira na frente italiana em 1945. — Quando encontrávamos alguma casa não havia dinheiro para o aluguel, e quando não cobravam a casa não servia...

Certo dia, numa das suas andanças pelas ruas históricas da cidade num domingo à tarde, absorto em suas pesquisas e anotações sobre o casario colonial e comparações entre a arquitetura do passado e as novas construções bem no estilo do século XX, enveredou pela rua Santo Antônio e deparou com uma casa em estilo colonial, logo atrás da igreja do Rosário. E o que o fez palpitar de expectativa: parecia vazia!

Perguntando aqui e ali, não teve dificuldade em identificar o proprietário, o velho professor aposentado Pedro de Oliveira Raposo.

— Ele está sempre em suas missas, frei — murmurou um dos jovens que o acompanhavam, puxando, entusiasmado, a manga do hábito do frade.

— E a mulher dele faz parte da Ordem Terceira — adiantou outro.

Frei Orlando sorriu para os seus companheiros de pesquisa histórica e Sopa dos Pobres... Não quis dizer que a sua experiência mostrava que nem sempre os mais fervorosos frequentadores de missas e ladainhas eram os mais empenhados na caridade quando esta significava dispor de algum de seus bens.

Mas o fato é que as sandálias do franciscano quase arrebentavam suas tiras enquanto corria na direção da residência do proprietário no largo do Rosário.

Frei Orlando, que tinha um ótimo preparo físico, resultado de tanto andar a pé e da natação diária no rio pela manhãzinha, chegou antes dos jovens acompanhantes ofegantes. Deparou com o velho professor à janela conversando com algumas pessoas e estancou decididamente, encarando o mestre.

Por alguns instantes todos entreolharam-se, surpresos, mas frei Orlando era conhecido pelas atitudes inusitadas. Os vizinhos sorriram e foram embora.

Pedro Raposo sorriu e balbuciou:

— Frei?!

Passando por cima do cumprimento, ele entrou logo no assunto:

— Professor, vim buscar a chave da sua casa!

Pedro, já bastante avançado em anos, conhecia o frade, com quem confessava e comungava todos os fins de semana. Apoiava integralmente a sua ação social, no entanto jamais trocara uma palavra com ele a não ser no confessionário. Por vezes comentava com sua mulher, que com ele convivia na Ordem Terceira, que ficava espantado com a impulsividade nas ações que desenvolvia, o que muitas vezes o colocava em dificuldades, tendo de pedir... pedir... pedir. Nas várias ocasiões em que essa conversa surgira, ela sempre laconicamente respondera: "Pedir... pedir para os pobres... ele é um franciscano, querido".

— Que casa... e para quê? — respondeu o professor num tom de quem fala com um agitado aluno.

— A que eu quero é aquela que está desocupada na rua do Rosário, atrás da igreja.

Ele respirou fundo e concluiu:

— É para a Sopa dos Pobres, professor... e não podemos pagar aluguel.

Pedro convidou-o a entrar e tomar um copo de água, um cafezinho, mas ele recusou com um sorriso triste e dizendo:

— Preciso de uma resposta... agora, se possível, professor.

— Vou falar com a minha mulher — respondeu ele, entrando.

Frei Orlando foi sentar-se no meio-fio de frente para a janela. Quem passava não estranhava ver um religioso que pela manhã celebrara a missa na matriz agora sentado simploriamente no chão de uma rua. Afinal, era um franciscano... "Ora, é o frei Orlando", diziam, já acostumados com as "maluquices" do frade, e iam andando.

Os dois jovens, de 15 e 17 anos, seus alunos no colégio e integrantes da Sopa dos Pobres, tentaram animá-lo, mas ele não estava desanimado, apenas calado.

— Vai dar certo, frei! Ele foi falar com a mulher... ela é das nossas...

— Não desanime, frei!

Ele estava com os olhos abertos e estranhamente concentrado, parecia não olhar para lugar algum e sim para um ponto indefinido no espaço, mas só por um breve instante, pois logo se ergueu agilmente, segurando as mãos de seus jovens acompanhantes e dizendo com um sorriso feliz:

— Não estou desanimado... estava falando com o Pai.

E neste momento, surgindo pela porta da casa, Pedro Raposo e a esposa aproximaram-se dos três, sorridentes, e exibindo uma chave na mão, que ela estendeu, dizendo:

— A casa é da Sopa dos Pobres, frei!

Frei Orlando e os jovens se abraçaram ao som dos brados do religioso:

— Graças a Deus! Graças a Deus! Graças a Deus!

Alguns dias após instalava-se na rua Santo Antônio, em outubro de 1942, a Sopa dos Pobres.

Mas não pararam por aí as dificuldades, e frei Orlando logo teria necessidade de utilizar mais umas de suas ideias surpreendentes... e nada ortodoxas.

Ainda não se tinha findado o ano de 1942 e a Sopa dos Pobres já distribuía mais de 500 refeições diárias, e o número dos que batiam à sua porta crescia cada vez mais. Contudo, embora já tivesse apelado para industriais, comerciantes, fazendeiros e à população em geral, as dificuldades se avolumavam. Numa ocasião, ouvindo alguns conselhos bem-intencionados, chegou a apelar para órgãos do governo estadual e municipal incumbidos da assistência social, porém inutilmente; não obteve senão sorrisos, tapinhas nas costas e promessas... nunca cumpridas.

Se havia arroz suficiente, faltava o feijão, ou a banha, ou a carne... pois era isso mesmo: em pouco tempo a sopa tinha se transformado numa verdadeira refeição básica, com arroz, feijão, legume ou verdura e um pedaço de carne, servida diariamente ao meio-dia durante toda a semana. "Afinal", dizia frei Orlando, "os pobres não podem viver só de sopa, sopa, sopa!".

A tal ponto chegou a situação que em algumas ocasiões até a lenha faltava.

Não raras vezes, pela manhã, frei Orlando, entregue às suas orações matinais, lá por volta das 6 horas era avisado por algum aluno do colégio:

— Frei... para hoje está faltando arroz... não tem um grão!

O mesmo acontecia em relação a outros gêneros, e cada vez com maior frequência. Nesses momentos o frade parecia nem ouvir o aviso transmitido pelo jovem seguidor aflito. Continuava a caminhar, olhos fixos no breviário, prosseguindo na oração. Era nessas ocasiões que a lembrança de Francisco de Assis dialogando com o papa Inocêncio III vinha invariavelmente à sua mente. "Confio no meu Senhor Jesus Cristo! Prometeu-nos Ele a vida eterna e a felicidade celeste, certamente não nos negará coisa tão mesquinha como aquilo de que necessitamos para sustentar nossos pobres."

E assim, antes mesmo de começar a primeira aula do colégio — às 8 horas — percorria as casas e o comércio próximos para "tomar um cafezinho", e nunca voltava para o colégio sem que tivesse resolvido o problema... a refeição teria continuidade, pelo menos naquele dia.

— Amanhã... amanhã Deus proverá — dizia para os jovens que indagavam como seria.

E soltava a sua conhecida gargalhada, tirando baforadas do inseparável cachimbo.

E foi numa dessas situações de crise que, "tomando cafezinho" na sala de um médico amigo, na rua Padre José Maria, num sábado, manhã em que não tinha aula, se deparou com um eloquente representante comercial de uma empresa farmacêutica, tentando convencer o médico das vantagens de um novo produto analgésico de origem americana. Era o Melhoral, tipo de comprimido que começava a entrar no Brasil. O representante, bastante loquaz, falava, gesticulava, exibia, oferecia amostras e só faltava levar todos a experimentar o "milagroso sedativo". O amigo de frei Orlando, com o alongar da conversa, já se mostrava impaciente e demonstrava querer encerrar a explanação; porém, estranhamente, quem se mostrava mais interessado, indagando e buscando informações, era o franciscano!

— Não sabia que o amigo — disse o médico, dirigindo-se ao frade — era tão interessado pelas coisas da medicina e por remédios...

— Não é que eu seja interessado pelas coisas dos remédios, meu amigo — sorriu o frei, com aquela expressão que o médico já conhecia. — Mas tenho um enorme interesse num saco de arroz para a Sopa dos Pobres...

E virando-se para o representante comercial, que não o conhecia — era da capital — e já olhava meio espantado aquele jovem de hábito marrom surrado pelo uso e gastas sandálias empoeiradas, perguntou:

— Moço, se eu fizer uma propagandazinha desse seu remédio... lá na Igreja de São Francisco, no meu sermão das missas de domingo, o senhor doará um saco de arroz toda segunda-feira para a Sopa dos Pobres?

Meio gaguejando pelo inusitado da proposta, mas respondendo prontamente, o representante não se fez de rogado:

— Mas é claro, frei... com muito prazer!

E assim ficou acertado entre frei Orlando e o representante do Melhoral, que sem mais conversa saiu em seguida.

O frade ainda ficou conversando com o médico e sua esposa, que de olhos arregalados não conseguia disfarçar seu espanto, enquanto calmamente ele repetia a caneca de café com leite e a fatia de bolo de fubá que tanto apreciava. Estava calmo e aliviado, pois sabia que o problema da próxima segunda-feira estava resolvido.

Seu amigo, no entanto, não conseguia disfarçar a preocupação.

— Frei, o senhor vai se meter em camisa de onze varas... os seus superiores não vão gostar nada disso.

— Mas os pobrezinhos vão gostar de ter o arroz na segunda, meu amigo — e foi saindo, sorridente como uma criança que faz uma arte.

Da porta, respondeu ao médico e à esposa, que lhe solicitaram a bênção, coisa comum em Minas Gerais na época:

— Deus os abençoe... Deus os abençoe.

✢✢

A missa de domingo era sempre o centro das atrações de São João del-Rei, com toda a sua imponência: coro, afluxo de famílias, associações religiosas com seus distintivos, símbolos, bandeiras, e algumas até de uniforme, como era o caso das Filhas de Maria.

Os sinos repicavam entoando as melodias que somente na Cidade dos Sinos e das Lendas eram ouvidas.

Frei Orlando era o celebrante da missa das nove, e tudo decorreu normalmente. Como sempre, a devoção católica do povo mineiro estava presente nos cânticos e ritos, e a celebração já chegava à metade. No interior do templo, o médico e amigo, bastante apreensivo e torcendo para que o frade tivesse mudado de ideia, e também o representante comercial, a essa altura já firmemente disposto a doar os sacos de arroz independentemente da fala do celebrante. Na realidade, depois da conversa na casa do médico, ele, que viera diretamente da capital, tomara conhecimento da obra do franciscano e decidira fazer a doação. Porém, não conseguira falar com o religioso e assistia tenso aos acontecimentos.

O que ambos não conheciam era a rigidez da palavra do franciscano e a sua férrea determinação — que logo o levariam à guerra na Itália com os seus jovens paroquianos.

Ao final do sermão, sem hesitar, eis que Frei Orlando — para surpresa de todos — enveredou por uma estranha conversa relativa à dor de cabeça e aos benefícios do novo produto — Melhoral! A igreja lotada da missa das nove foi envolvida por um burburinho de espanto e dúvida: "Afinal, por que Frei Orlando viera com aquela conversa de remédio, mais parecendo um anúncio de rádio?".

Ele calou-se por um instante, esperando que os cochichos parassem, substituídos por uma expectativa inquietante.

Foi então que encerrou o sermão daquele domingo dizendo:

— Com o Evangelho de hoje, as bênçãos de Deus e estas últimas palavras, a Sopa dos Pobres ganhou mais um saco de arroz...

Um compreensivo sorriso esboçou-se nos lábios de todos.

Até hoje não se sabe qual foi a reação dos superiores de frei Orlando, mas o fato é que ele jamais voltou a fazer propaganda no sermão da missa, e a empresa do Melhoral passou a doar semanalmente uma saco de arroz para a Sopa dos Pobres.

3_ O frade e o regimento

Por aquela mesma época, entretanto, não tinham cessado as dificuldades, muito pelo contrário. Vivia o país uma situação de crise e escassez como poucas em sua história. Em 22 de agosto de 1942 o Brasil tinha declarado guerra aos países do Eixo e desde dois anos antes disso encontrava-se praticamente bloqueado em suas importações e exportações pelos submarinos nazistas e fascistas.

Frei Orlando via, apesar dos esforços desenvolvidos, os meios escassearem.

São João del-Rei, embora fosse uma cidade importante e de nível médio no cenário geral do país, sofria os reflexos do que acontecia no mundo e no Brasil particularmente. A guerra, que até o último momento o governo Vargas tentou evitar, aconteceu. Nessa ocasião o país, além de viver numa ditadura claramente influenciada pelos regimes nazifascistas da Europa, não possuía infraestrutura básica, como, por exemplo, estradas que ligassem o sul ao sudeste e o nordeste ao norte, sendo todo o transporte essencial realizado via marítima — então bloqueada pelos nazistas. A dependência da Europa e, principalmente, dos Estados Unidos era total, a começar com o petróleo, que os técnicos americanos e ingleses afirmavam não existir no Brasil. A monocultura do café continuava a ser a principal fonte de divisas, acrescida na ocasião por produtos estratégicos como borracha, manganês, ferro, diamante e outros. O fornecimento de energia elétrica era totalmente feito por empresas inglesas e canadenses, encarregadas também do transporte ferroviário. O suprimento de alimentos manufaturados em geral, quando não de origem estrangeira, dependia de maquinário importado, enquanto uma única empresa — a Standard Brands — fornecia os enlatados.

Os moinhos de grande porte existentes estavam todos sob controle americano ou inglês — como o Moinho Fluminense. As instalações para estocagem a baixa temperatura dependiam de equipamento americano, francês e alemão, e eram administradas por empresas desses países e inglesas. Não haviam siderúrgicas, refinarias e indústrias de base.

Com a guerra na Europa alastrando-se pela África e logo depois pela Ásia e pela América, com a entrada dos Estados Unidos, em dezembro de 1941, o conflito tornou-se oficialmente global. O domínio do mar era essencial para a vitória, e cedo o Atlântico Sul viu-se transformado em cenário de cruenta guerra naval. Estrangulado em suas vias de suprimentos, o Brasil começou a ter seus navios afundados, mesmo sendo um país neutro. Neste meio-tempo, até agosto de 1942, quando o país entrou no conflito, a escassez e o racionamento já haviam invadido os lares brasileiros.

A falta de alimentos básicos, como carne, trigo e cereais, aliou-se à inflação e à especulação. A gasolina, considerada essencial no esforço de guerra aliado, desapareceu do mercado, sendo os veículos que ainda conseguiam circular equipados com uma engenhoca denominada gasogênio movida a carvão vegetal. O governo federal lançou o chamado "pão de guerra" — todo cidadão possuía um cartão de racionamento —, feito de parte do envoltório da semente e do germe de trigo, e que era escuro, duro e rejeitado pelo povo. Eram rotineiras as filas, em dias alternados, para acesso às cotas individuais de carne, leite e açúcar mascavo.

Tal estado de coisas, num país sob um governo que mantinha o povo mal informado — sob as escusas dos segredos de guerra, mas na verdade com objetivos políticos de manutenção da ditadura —, facilitou o surgimento de todo tipo de aproveitadores e especuladores, espoliando ainda mais o povo empobrecido, que com uma inflação de 400% era levado a adquirir alimentos no câmbio negro.

Fome e dificuldades de toda monta rondavam a mais humilde parte da população das cidades brasileiras, que no entanto atendia ao recrutamento e oferecia voluntários para lutar na guerra.

Corriam os derradeiros dias do ano de 1942 quando frei Orlando, numa manhã ensolarada, rumou diretamente para um local até então intocado por ele nas suas andanças: o quartel do Exército, por cuja frente sempre passava, mas a distância.

Era o 11º Regimento de Infantaria, que, imponente e simples em suas instalações, pairava assim como o grande protetor histórico de São João del-Rei havia dezenas de anos.

Antes, pela manhã, confidenciara a outro frade que tinha a impressão que se entrasse ali jamais sairia...

Logo no Portão das Armas — que é como os militares denominam a entrada principal —, numa incrível coincidência, foi recebido pelo então sargento Gentil Palhares, seu velho conhecido, que por diversas vezes com ele mantivera longas conversas sobre religião. Sem meias palavras, após abraçar o jovem, sorriu e foi logo dizendo:

— Preciso falar com o coronel... necessito dele — e gracejou olhando em torno: — Gentil, Gentil... aqui está o que eu preciso! Vocês comem frango assado, meus pobres nem sopa têm mais!

E à medida que caminhavam em direção ao gabinete do comando frei Orlando acenava e parava aqui e ali com paroquianos e muitos de "seus" pobres e conhecidos.

— Parece que está todo mundo aqui — disse a Gentil.

— É a guerra que está chegando, frei... há muitos convocados e voluntários.

Diante do comandante, que conhecia de vista, mas com o qual jamais trocara uma palavra, sentiu-se à vontade, mas recusou-se a sentar. Chegou até a janela e olhou para a tropa em treinamento no enorme campo.

Então, olhou fundo nos olhos do coronel, dizendo:

— O senhor sabe a que venho, coronel...

— Frei Orlando! Só pode ser a Sopa dos Pobres...

Ambos sorriram.

E conversaram com a espontaneidade de quem se conhece há muito tempo — era a linguagem da caserna e frei Orlando sentiu-se em casa... como no convento. E daí por diante, por cerca de quinze minutos ele falou sobre o seu assunto preferido: a Sopa dos Pobres! Quando fez uma breve pausa, o coronel levantou-se de trás da escrivaninha e deu alguns passos pela sala, autorizando com um sinal que alguns oficiais que aguardavam do lado de fora entrassem, e o frade foi abraçado efusivamente pelo subcomandante e dois outros componentes do Estado-Maior, seus velhos conhecidos.

O comandante estava visivelmente satisfeito. Aproximou-se do franciscano e disse:

— Frei, há muito o senhor deveria ter procurado este quartel... vamos ajudar no que pudermos.

Ele explodiu de alegria, sua face rosada ficou rubra de emoção em meio aos cumprimentos e abraços dos oficiais que estavam na sala.

Ao sair, depois de muitos "obrigado... obrigado", prestou bastante atenção às palavras do comandante:

— Volte sempre, volte sempre... considere esta a sua casa, frei Orlando!

E nenhum dos presentes, principalmente o frade, ainda cavalgando na emoção da acolhida, pressentiu quão proféticas eram aquelas palavras.

4_ O "11" prepara-se para a guerra

O Brasil não estava preparado para a guerra — como de resto os Aliados.

A Europa ruíra em poucos dias diante das divisões blindadas do Exército Alemão, e já em meados de 1940 só a Inglaterra ainda resistia, enquanto Vargas proclamava em discursos as suas simpatias pela "nova ordem". Evidentemente a maioria da população, desinformada devido à mordaça do DIP — Departamento de Imprensa e Propaganda — que abrangia jornais e rádios, ignorava o que realmente acontecia. Mas as manifestas simpatias de Vargas pelas ditaduras na Alemanha e na Itália não agradavam àquela parcela bem informada do povo, principalmente estudantes e forças armadas, que não admitiam a tendência pró-Eixo de alguns setores do governo.

Assim, nessa fase pouco se fez pelo reaparelhamento da força terrestre, muito embora o fracasso do Exército Francês tivesse posto por terra a doutrina, o material, a organização e o equipamento em que se baseava o Exército Brasileiro, tudo de origem francesa.

Entretanto, o ataque japonês a Pearl Harbor, em dezembro de 1941, mudou bruscamente a situação e acelerou uma tendência que havia meses vinha se acentuando: a aproximação com os Estados Unidos, por diversos fatores, geopolíticos, econômicos e estratégicos. Acordos foram assinados, compromissos assumidos, e aos poucos o Exército Brasileiro foi se preparando para o inevitável — particularmente devido aos ataques aos navios brasileiros na rota Brasil–Estados Unidos–Europa e à possibilidade de invasão do Nordeste pelos alemães. O general Mascarenhas de Morais, que mais tarde enfrentaria os nazistas nos campos de batalha da Itália no comando da Força Expedicionária Brasileira, assumiu então o comando da VII Região Militar, em Recife. Para lá estavam sendo carreados importantes reforços, o que era uma clara medida pré-guerra.

Mas muito tempo foi perdido nesse período extremamente importante na preparação de uma Força Expedicionária para atuar seja na África, como se cogitara inicialmente, seja na Europa, como de fato aconteceu. Da declaração de guerra em agosto de 1942 — aliás, um mero protocolo diplomático, pois treze navios brasileiros já tinham sido afundados até então — até 23 de novembro de 1943, quando foi oficialmente criada, decorreu longo tempo. E a Força Expedicionária Brasileira ainda demorou cerca de mais oito meses para passar dos planos para a ação.

Reduzida na prática a uma Divisão de Infantaria — a 1ª DIE, Divisão de Infantaria Expedicionária —, sob o comando do general Mascarenhas de Morais, a FEB tratou de organizar-se nos moldes americanos. Procurou lançar mão, em grande parte, de unidades já existentes, transformar algumas e criar outras. Era exatamente levar ao combate contra o melhor exército do mundo na época uma força originariamente montada à francesa que funcionasse à americana e era brasileira!

A efetivação do "11", como era carinhosamente chamado pelos mineiros o Regimento de Infantaria sediado em São João del-Rei, para integrar a Força Expedicionária Brasileira que seguiria para lutar na guerra — não se sabia onde — caiu como uma bomba na tradicional e conservadora cidade. Apesar de desde algum tempo jovens convocados e voluntários das redondezas afluírem para a unidade, todos julgavam que o Regimento estava servindo apenas como um centro de concentração de pessoal a ser distribuído para grandes áreas de treinamento no Rio de Janeiro.

De repente, o cenário da pacata cidade se transformou com a chegada dos jovens oriundos das cidades mineiras da vizinhança e agora também com os convocados e voluntários da própria cidade. O destino era o 11º RI, onde era realizada a seleção do pessoal que integraria o Regimento Expedicionário... agora todos sabiam.

Frei Orlando havia muito tinha se identificado com o 11º RI, desde o dia em que pela primeira vez visitara a unidade e fora tão bem acolhido. Daí para a frente a Sopa dos Pobres deixou de ter problemas, pois, além da doação diária de víveres pela unidade, o Boletim Interno criou uma relação dos que desejassem contribuir.

Nunca mais os habitantes de São João del-Rei presenciaram o franciscano percorrendo suas ruas na velha carroça, gritando, enquanto batia com uma colher de pau numa velha panela, arrancando um som conhecido de todos:

— Muita boca e pouco prato! Muita boca e pouco prato! Ajudem a Sopa dos Pobres!

Entretanto, a principal razão para isso não foi somente o momentâneo equilíbrio estabelecido no depósito de alimentos da Sopa pela ajuda do "11", mas indiretamente também tinha a ver com a unidade.

Frei Orlando não saía mais do 11º RI!

Ser missionário na China, o ideal da juventude e mocidade, era agora, quando beirava os 31 anos, algo relegado a segundo plano, quase no esquecimento. Sem descuidar-se de suas outras atividades no colégio de Santo Antônio e na Ordem Terceira, de afazeres religiosos como a missa e outras obrigações, além das quatro horas diárias de oração e da Sopa dos Pobres, onde sempre estava presente na hora da refeição e em reuniões semanais com a equipe, o frei, como os militares o chamavam, acompanhava as atividades do regimento no cotidiano do intenso treinamento.

Era uma presença sempre constante ao lado dos paroquianos de ontem e soldados do momento.

Tal comportamento não passou despercebido ao coronel Delmiro Pereira de Andrade, comandante do Regimento e incumbido de transformá-lo numa força combatente nos moldes americanos. Com a intensa atividade de uma unidade com efetivo normal de 1.200 homens, acrescida para cerca de 4.000 expedicionários, o oficial identificou desde logo em frei Orlando o perfil de que precisava: o capelão militar!

E o frei, quando consultado pelo coronel, em seu gabinete, sobre se queria fazer parte do 11º RI Expedicionário, levantou-se de onde estava sentado diante do comandante e, emocionado, mas firme, respondeu:

— Quero... Eu também vou!

Como em tudo o que dizia respeito à organização da Força Expedicionária Brasileira — e o Brasil foi o único país da América Latina a enviar uma para lutar em solo europeu —, as dificuldades eram de monta. E isso era lugar-comum em todas as unidades em preparação. Desde o recrutamento e a seleção de pessoal, passando pela convocação de reservistas e pelo voluntariado, com perfis que equivocadamente procuravam aproximar-se do combatente americano, até a adaptação à nova doutrina, o armamento moderno ainda sendo testado em combate, novos uniformes e equipamentos etc. — com os capelães aconteceu a mesma coisa.

Os capelães militares eram orgânicos das forças armadas americanas, porém no Brasil havia muito tempo eles não existiam mais.

No entanto, a história militar do Brasil registra a sempre atuante presença dos capelães militares junto às tropas em combate.

Nas guerras travadas no século XIX no hoje denominado Cone Sul, os relatos testemunham, entre outros episódios, as reuniões religiosas sendo levadas a efeito e nas quais comparecia o grosso do efetivo de oficiais e praças, antes e depois das batalhas.

Funcionava então, desde 24 de dezembro de 1850, a Repartição Eclesiástica do Exército Imperial, encarregada de proporcionar assistência religiosa às tropas. Mas com a República e a separação entre o Estado e a Igreja foram abolidos os serviços religiosos nas forças armadas. Entretanto, a completa reformulação levada a efeito com a criação da FEB — na ocasião, verdadeiramente um exército dentro do Exército — trouxe de volta os capelães militares.

Mas, embora tudo fosse correria no que dizia respeito aos preparativos para a guerra, a burocracia e morosidade relativa a esse assunto era tão gritante na FEB como na Igreja. O tempo ia passando e frei Orlando não tinha a sua convocação oficializada. Contudo, praticamente já agia e atuava como o capelão do 11ª RI, celebrando missas, pregando e, principalmente, conversando com todos aqueles que o procuravam com as naturais preocupações com as famílias e as ondas de boatos que circulavam sem cessar. Ele, porém, embora não demonstrasse, estava cada vez mais ansioso pela definição de sua situação.

Temia que o "seu" Regimento seguisse para a guerra sem ele.

E eis que no início de março de 1944 o 11º RI seguiu para a capital federal. Lá iria ultimar o seu treinamento e juntar-se à grande concentração das forças expedicionárias na Vila Militar, de onde partiriam para a África — Açores chegou a ser cogitado — ou a Europa.

E o comissionamento de Frei Orlando não tinha chegado ainda...

Entre abraços e entusiásticas aclamações, a tropa composta de lavradores montanheses e principalmente gente humilde da região das Minas Gerais desfilou com garbo, firmeza e lágrimas nos olhos diante de seus familiares e amigos.

Muitos não voltariam.

Frei Orlando os acompanhou até o transporte de tropas e ficou ali, vendo-os embarcar entre os acenos da população e ao som dos sinos que repicavam festivamente. Conhecia quase todos, particularmente a maioria, que era de São João del-Rei, e contendo as lágrimas não pôde deixar de meditar na realidade do que via: reservistas oriundos dos cursos de preparação de oficiais da reserva quando estudantes de medicina convocados como tenentes de infantaria, e não como os médicos que já eram; filhos e parentes de gente do governo dispensados sem maiores explicações; outros, pobres e humildes, incluídos na última hora.

5_ O hábito veste a farda

O Rio de Janeiro dos idos de 1944, capital da República, era o centro político do país e a caixa de ressonância do que sentia a nação. Entretanto, as comunicações eram difíceis e a mídia engatinhava, totalmente tolhida e amordaçada pela ditadura do Estado Novo através do DIP — Departamento de Imprensa e Propaganda — e seus temíveis braços armados, o DOPS — Departamento de Ordem Política e Social — e a Polícia Central.

A entrada do Brasil na guerra foi enfiada garganta abaixo do pequeno, mas ativo, grupo palaciano de Vargas, que, identificado com o totalitarismo, até pouco tempo atrás efetuara uma prisão em território nacional e entregara a presa — grávida — à Gestapo. Somente as estrondosas manifestações estudantis e a decisão inabalável das forças armadas — que ao voltar da Itália derrubariam Vargas e restaurariam a democracia — lograram empurrar o Brasil para a guerra. Isso, é claro, somado à extrema inabilidade da política externa nazista ao autorizar o torpedeamento de navios mercantes brasileiros e matar mais de mil pessoas.

Confirmando isso, podemos encontrar no livro *Memoirs*, do almirante Karl Doenitz, comandante supremo da Marinha nazista, que substituiria Hitler no poder no final da guerra, a seguinte afirmativa: "Foi, evidentemente, um erro ter impelido o Brasil a uma declaração de guerra; nós devíamos ter sido advertidos no sentido de evitar tal procedimento". Mas o fato é que mesmo sem estar preparado o Brasil estava em guerra com os países do Eixo, Alemanha, Itália e Japão.

Em março de 1944 a Vila Militar, na capital federal, já estava transformada numa verdadeira praça de guerra, concentrando aos poucos as unidades da FEB em treinamento.

Já no dia 15 o 11º RI estava acantonado nos galpões do morro do Capistrano e dava início ao treinamento que se julgava de curta duração, mas que na realidade duraria longos meses, até setembro de1944! Seriam seis meses nos escaldantes galpões improvisados em alojamentos e o repetir constante de exercícios, exercícios e exercícios, alimentados pelas promessas de embarque iminente que nunca se concretizavam.

Nesse meio-tempo, em São João del-Rei, frei Orlando desdobrava-se em cartas e pedidos pela sua convocação que não chegava. Até que o decreto-lei nº 6.535, de 26 de maio de 1944, incluiu no efetivo do 11º Regimento de Infantaria o segundo-tenente Antônio Álvares da Silva, capelão militar.

Decorridos quase dois meses, eis que a rotina do dia a dia do que os pracinhas chamavam de "A Batalha do Capistrano" foi quebrada na formatura matinal pelo sorriso de frei Orlando e seus dois companheiros, os capelães frei Alfredo (Waldemar Setaro) e padre Elói de Oliveira, que foram apresentados à tropa pelo comandante do Regimento.

Foi difícil para todos aguardar a hora do rancho (refeição) para então abraçar e comemorar com os jovens capelães. Tinham muito que conversar, particularmente frei Orlando, que chegava cheio de cartas, recados, agasalhos, encomendas, compotas de doces e principalmente retratos e notícias.

A noite foi pequena, até o toque de silêncio, para o reencontro com os seus paroquianos.

Na manhã seguinte, 21 de julho de 1944, frei Orlando celebrou a sua primeira missa como capelão do 11º RI Expedicionário. O sol brilhava escaldante como sempre, reluzindo nos telhados de folhas de flandres dos galpões do Capistrano. Sombra era coisa muito difícil por aquelas bandas, mas os católicos do regimento permaneceram ali firmes e suando em bicas, já equipados para os exercícios que se seguiriam.

Foi impossível para todos deixar de contagiar-se pela emoção do momento.

Ao som das músicas religiosas que tão bem conheciam, as lembranças de casa e dos entes queridos fizeram-se cada vez mais fortes naqueles montanheses revestidos de guerreiros. Frei Orlando, envergando pela primeira vez o hábito e os paramentos religiosos sobre o uniforme verde-oliva, estava muito alegre. Feliz por estar ali, procurou no sermão incutir confiança e fé em Deus naqueles que — sempre repetia — tinham a honra suprema de defender a pátria com o risco da própria vida.

Muitos chegaram às lágrimas.

Ele fitava o céu azul da Vila Militar, sorria e transmitia em plena missa campal a certeza de que iriam cumprir a missão e voltar para casa... "se Deus quiser...".

Entretanto o que intimamente sentia em relação a si próprio só externava em suas cartas para as irmãs.

Em 7 de agosto de 1944, escrevia:

Caríssima mana

Não é de hoje que eu queria lhe escrever, desde que começaram os primeiros rumores a respeito de minha nomeação para capelão militar que me sentia obrigado a participar-lhe o ocorrido.

[...] como você talvez já saiba, estou no Rio de Janeiro, já incorporado ao Exército para ir com as forças expedicionárias do Brasil. Não deixa de ser uma aventura perigosa, mas ao mesmo tempo acho que é uma missão belíssima. Sei também que vai ser um trabalho espinhoso e muito difícil. Entretanto confio na Graça de Deus, e Ele, que tudo pode, pode também usar de mim para fazer o bem aos nossos soldados. Somos muitos capelães, mais de vinte. O nosso serviço vai ser grande. Por enquanto ainda não, porque estamos em organização. [...] na hora mesmo de a coisa ficar preta é que teremos muito trabalho.

Você talvez esteja achando estranho o meu modo de agir. Talvez censure o meu procedimento. Qual, querida mana, vamos fazer algum sacrifício pela humanidade! Quantas mães choram os filhos, irmãs choram os irmãos que se perderam. Por que só nós havemos de ficar alheios ao sofrimento universal? Não, vamos lutar! E eu estarei ao lado do soldado brasileiro, na hora do sofrimento, para o consolar e ajudar. Estarei lá como amigo, representando talvez o pai ou o irmão daquele patrício que saiu ferido. Tudo isso é nobre, é belo, e nós havemos de cumprir com os nossos deveres, dando aos anticlericais uma prova viva do que é o sacerdote da Igreja.

Vocês e todos os amigos que eu tenho, rezem por mim, para que eu volte como fui, e mais santificado. Tenho medo do ambiente, mas com a Graça de Deus havemos de vencer também isso.

Até poucos dias estava empenhado em preparações. Fazendo fardas, buscando os moldes e modelos que recebi: enfim, foram tantos preparativos que com eles gastei quase vinte dias. Agora está tudo pronto, esperamos só a ordem de embarque.

Quando vim ao Rio, estava em Belo Horizonte para tratar da garganta e estive com... Erália [ilegível] e Tia Julia. Vão todos bem. Tia Julia recomendou-me muito que eu procurasse o L... [ilegível].

[...] Bem sei que tão cedo não nos veremos, até acabar todo o barulho da guerra, desmobilização e tudo o mais que ainda pode vir, vai demorar muito tempo. Espero, porém, que acabando tudo logo nos encontraremos. E se for da vontade de Deus nos encontraremos lá em cima, onde poder algum pode nos separar.

Rezem por mim e mandem-me notícias. Um abraço para todos os nossos.

Seu irmão muito amigo.

Frei Orlando

Nessa carta escrita dias após ter assumido suas funções no acampamento do Capistrano ele externa com sinceridade o seu lado humano religioso e de soldado. Reconhece ter medo, mas a fé como sacerdote é inquebrantável e não titubeia — é o soldado que fala: "Vamos lutar!".

Poucos dias depois, em 31 de agosto de 1944, voltou a escrever, desnudando a sua Alma, e estranhamente deixou entrever uma premonição que o acompanharia daí para a frente:

Minhas irmãs

A Paz de Deus esteja com vocês!
Um dia, numa manhã cheia de sol, vocês colheram umas flores.
Flores que vocês plantaram.
E me ofereceram as flores, também numa manhã brilhante de sol.
Sol no firmamento belo da nossa pátria.
Sol nos corações de vocês: sol da graça.
Sol sobretudo no meu coração: o sol do Espírito Santo
que então recebi pelo Sacramento da Ordem.

As flores eram cinco margaridas.
Cada margarida devia, na sua singeleza e brancura, representar uma de vocês.
Elas ornaram a minha cela de frade...
Vocês nunca mais as viram...

Eu queria depositar uma por uma ao lado de cada uma das minhas irmãs que Jesus chamasse para a recompensa eterna.
Mas, parece-me, não era este o plano de Jesus!
Eu fui primeiro...
As margaridas, agora murchas, feias, pelo tempo enegrecidas, lembram-nos da alegria que tivemos: vocês plantando-as, colhendo-as e oferecendo ao irmão caçula que ia subir os degraus do altar do Senhor!
Eu me lembro do momento feliz daquela manhã...
E por isso quero dar-lhes de presente as margaridas.
Quando chegar também a vez de vocês se despedirem, que quem ficar ainda coloque ao lado da irmã a margarida plantada e oferecida ao padre da família.

> Eu estarei satisfeito, porque estou com Jesus!
> Nunca pensei em deixá-lo. Nunca!
> Quando o desânimo queria se apoderar de mim, pensava no sofrimento de Jesus...
> Passei minha vida sempre rindo, embora tivesse muitos motivos para chorar.
>
> Sejam também assim: traduzam o sofrimento pelo riso...
>
> Adeus! Espero que Jesus me receba de braços abertos para esperar vocês...
> Adeus, margaridas!
>
> Vila Militar, 31 de agosto de 1944
>
> Frei Orlando

Tal missiva, assim como as outras cartas citadas, todas existentes e parte do que se denomina Arquivo de frei Orlando — incluídas no seu Processo de Beatificação —, foram escritas por um jovem sempre otimista e sorridente. Continham todas elas, porém, o mesmo pensamento que por várias vezes externara para os jovens oficiais que com ele conviviam no Rio e também na Itália:

— Quero ser sepultado com o meu hábito de franciscano!

Mas o tempo foi passando e nada de embarque, embora a guerra seguisse com sua faina sinistra pelo mundo. Em agosto de 1944 já completava cinco meses o estágio, a concentração ou seja lá o que for que os pracinhas já jocosamente denominavam "A Guerra do Capistrano".

Durante todo esse tempo a rotina continuara a mesma: treinamento exaustivo durante o dia e também algumas atividades à noite. De uma maneira geral, para os cariocas do 1º RI, o Regimento Sampaio, e outras unidades expedicionárias da cidade do Rio e regiões adjacentes, muito embora as regras e o sofrimento fossem os mesmos, a proximidade das residências, dos parentes e amigos amainava um pouco a situação. Pois, mesmo as dispensas e folgas sendo raras, quando ocorriam bastavam aos cariocas alguns minutos ou uma hora para estar em casa. Já para os demais, inclusive o 6º RI, de Caçapava, São Paulo, o problema era bem maior, e as licenças por um dia ou dois não podiam ser concedidas. Tal situação, depois de alguns meses, contribuiu para o surgimento do que os pracinhas chamavam de "tochas", que na realidade eram as saídas do acampamento sem permissão, o que constituía sério problema disciplinar, pois em tempos de guerra a "ausência" — falta de dois a oito dias — era transgressão disciplinar grave e punida com severidade, e a deserção — falta por mais de oito dias — é crime em todos os exércitos do mundo.

Alguns chegaram a não mais voltar.

Frei Orlando, logo promovido, assim como os outros capelães, ao posto de primeiro-tenente, além de participar das atividades de treinamento, como marchas, exercícios físicos e até de tiro — no qual se divertia às gargalhadas apostando pela melhor pontaria com os outros oficiais, valendo sempre maços de cigarro *versus* tabaco para cachimbo —, independentemente das funções religiosas, logo encontrou, de forma pioneira num exército que havia 55 anos abolira os capelães, o caminho para o desempenho de suas atividades junto à tropa. Jamais houve entre os veteranos do "11" quem não se lembrasse do "Frei", sua gaita, seu cachimbo e sua disposição noturna para escrever cartas para os analfabetos.

A pequena gaita de boca, tirara-a não se sabe de onde, e dela arrancava um som, que só ele entendia, ao longo da noite à medida que percorria os galpões de alojamento dos praças, antes da revista do recolher e depois, até que a nostálgica corneta desse o toque de silêncio.

No primeiro dia, ao chegar e procurar seus antigos paroquianos de São João del-Rei e amigos da vivência anterior no quartel, ainda na cidade, quando se apresentava com o seu hábito de sempre, pois não estava ainda comissionado, estabeleceu-se um momentâneo constrangimento entre os pracinhas e o tenente, que ostentava as insígnias de oficial. A rígida disciplina gerou uma breve situação de continências, silêncio, senta, levanta, "sim senhor", "não senhor"... Foi o sargento Max Wolff Filho, paranaense descendente de alemães, que logo se destacaria em combate, quem com seu jeito resoluto resolveu a situação:

— Tenente, como o chamavam lá na sua terra?

— Frei — adiantou um soldado.

— Então vai ser isso — decidiu Max com seu jeitão de sargento. — Frei, é só isso, está bom para o senhor, tenente?

Todos sorriram e não se tocou mais no assunto.

E o tenente, e depois capitão, voltou a ser simplesmente o Frei. E assim todos o tratavam ou referiam-se a ele:

— Você já falou com o Frei? — diziam os soldados mais experientes para aqueles que estavam com algum problema sério.

— Lá vai o Frei de novo — diziam os tenentes seus amigos, uns para o outros, quando ele partia resoluto para falar com os superiores sobre uma dispensa, a licença de um soldado ou uma ameaça de punição que considerava inadequada.

Quanto à gaita, porém, eles pediam com insistência:

— Por favor, Frei... toque alguma coisa que a gente entenda.

Ele não dava a mínima e seguia tocando.

Era uma espécie de toque de chamada de toda noite para, logo depois da revista do recolher e antes do silêncio, lembrar a todos do acampamento que era hora do terço. E em pouco tempo lá estava toda aquela multidão de expedicionários, mais de mil homens reunidos em torno de frei Orlando, que, após dispensar os não católicos — o que fazia sempre —, elevava aos céus as orações daqueles que iam para o combate.

A convivência e a intimidade com os pracinhas na rotina da prática diária durante aqueles meses que antecederam o embarque deram ao frade uma visão que não tinha em São João del-Rei. Aos poucos foi percebendo a grandeza daqueles heróis que se apresentaram quando convocados ou como voluntários para a defesa da pátria. Grande número deles não entendia muito bem quando alguns, mais informados, falavam em "defesa das liberdades e da democracia" e da incompatibilidade do nosso sistema de governo com tais ideais.

— Uai... trata-se de defender o Brasil... eles atacaram a gente!

Logo ele constatou que o grande número de analfabetos entre os expedicionários era uma dificuldade a mais para a instrução militar, toda baseada em recém-traduzidos, e outros não, manuais americanos. E o que era mais grave: havia um expressivo número de tuberculosos e portadores de sífilis e outras doenças, além de cáries dentárias entre os convocados, o que inviabilizou, desde o início, alcançar o padrão julgado ideal pelos americanos para o combatente.

— Mas este é o "meu" Regimento! O nosso Regimento... — corrigia, quando no auge do entusiasmo discutia com outros jovens tenentes, principalmente oriundos da reserva, alguns com formação acadêmica na área médica e inconformados por não terem sido convocados como médicos e sim no comando de pelotões de infantaria.

— Com ele iremos para a guerra! — exclamava, alteando a voz e encerrando a conversa, indo para fora da barraca e acendendo o cachimbo.

Sempre após tais conversas sérias o pequeno grupo de quatro ou cinco "gozadores" amigos da mesma barraca ia até ele com um caneco de café, e logo estavam rindo e ouvindo suas piadas.

Ainda em agosto de 1944 obteve permissão e partiu para o que seriam alguns poucos dias de licença para a solução de alguns problemas particulares em Minas Gerais. De fato, a intensa atividade que desenvolvera nos dias que antecederam a efetivação de sua convocação — viajara para o Rio, procurara autoridades religiosas, civis e militares, pedindo, solicitando a publicação do decreto — e a rápida viagem que se seguira para a apresentação à sua unidade militar não lhe deram tempo para um contato com os parentes, amigos, alunos... a Sopa dos Pobres.

O Comando do Regimento soube compreender isso, e lá foi ele, recém-fardado, garboso e ansioso, rever o ambiente e as pessoas que lhe eram tão caros.

Era a última vez que o fazia.

Pisando o solo da Cidade dos Sinos e das Lendas, Frei Orlando procurou demonstrar alegria, satisfação e convicção pelo cumprimento do dever. A todos que abraçava e perguntavam sobre como estava passando respondia sempre: "Vou bem, com a Graça de Deus!". Com boas notícias e riqueza de detalhes entregava as cartas dos soldados — muitas, dos analfabetos, escritas por ele mesmo até na madrugada anterior. Então, falava sempre da certeza da vitória — jamais dos problemas da FEB e das dificuldades do Capistrano — e da necessidade da fé em Deus. Nos poucos dias em que esteve em São João del-Rei não se furtava de parar dezenas de vezes na rua e repetir sempre a mesma coisa: que o filho, irmão, marido, amigo estava bem... Visitou algumas famílias amigas, como os Nascimento Teixeira, e abraçou comovido a jovem Afra, seu braço direito na Sopa dos Pobres, onde esteve por diversas vezes, até no mesmo dia. Foi à casa dos Campos e Tirado Lopes, que tanto o ajudavam, e diariamente almoçou com os "seus" pobres.

Sempre envergando o uniforme verde-oliva de gabardine.

Mas Antônio não foi a Morada Nova, preferiu não submeter essa emoção à sua velha mãe, e explicou isso em carta às irmãs.

Não mais se veriam.

No domingo, frei Orlando voltou ao templo de São Francisco de Assis, em São João del-Rei, onde durante os últimos anos celebrara missas e atuara. Iria embora na manhã seguinte e seria celebrada uma missa solene de entrega da missão ao franciscano.

A igreja e a praça amanheceram engalanados, como nas tradicionais festas paroquiais. O movimento de fiéis era grande, e todos acorriam para ver o legendário frade, que chegou fardado e sorridente como sempre, em meio aos aplausos e dobrados da Banda Municipal. A igreja estava lotada, ornada com flores brancas, e as associações religiosas exibiam e acenavam com suas bandeiras e galhardetes.

Frei Orlando ocupou o púlpito por alguns minutos. Estava sério como jamais o tinham visto. Pintou o quadro da guerra que os alcançava e falou dos horrores das praticas nazistas contra nossos náufragos desarmados e minorias raciais, e que faziam daquela guerra não mais uma disputa entre nações, mas sim uma luta entre o bem e o mal.

Despediu-se sorrindo — não o sorriso alegre de sempre, mas uma expressão estranhamente saudosa, embora ainda estivesse presente — antes de abençoar a todos em meio ao sinal da cruz.

Ao regressar ao Rio de Janeiro, cheio de lembranças, carregado de presentes, cartas e a impressão sempre chorosa de mães, esposas, irmãs, já era noite. Ao escutar novamente o toque de silêncio, não pôde deixar de compará-lo com o sino do Convento de Santo Antônio, onde tudo era meditação, oração e paz.

Naquela noite teve dificuldade para dormir.

✛ ✛

Aos 31 anos, vivia de fato uma inquietante dicotomia: se de um lado estava a razão de ser de sua vida, a cruz de Cristo e sua missão de sacerdote e franciscano, de outro se apresentava o dia a dia dos treinamentos de tanta gente para a sinistra tarefa de matar e destruir!

Por momentos assaltava-o a dúvida, mas só por alguns instantes, pois persistia, entregando-se ao trabalho.

É o que podemos entrever nas linhas de algumas de suas cartas às irmãs, como esta:

> Caríssimas irmãs e caros sobrinhos
>
> [...] Como é atrapalhado esse mundo. A culpa é, porém, dos homens e nunca de Deus. Se há guerra é porque os

graúdos da Terra a fizeram. E nós devemos aguentar com os sacrifícios e as consequências da guerra.

[...] Talvez você pense que eu tenha cometido uma loucura, mas não cometi. Só uma coisa cometi: não sabia que a nossa atuação fosse tão cheia de responsabilidade como é. E realmente tremo de medo de fracassar. Meu fracasso seria uma miséria. Confio em Deus, e Ele há de me ajudar. Talvez eu não tivesse aceitado com tanta facilidade a capelania se estivesse a par de tudo quanto agora conheço.

A vida aqui não é má. Há seus momentos aborrecidos e alegres, como em toda parte. Os soldados são bons. Também os oficiais tratam-nos bem. Um ou outro que é meio carrancudo e que parece ter medo de padre; mas pelo visto são camaradas. A comida também é boa; durmo no quartel, de sorte que estou mesmo virando soldado.

O trabalho é múltiplo. Temos naturalmente de cuidar de toda a assistência religiosa dos soldados. Para isso é preciso que se fundem associações religiosas, com reuniões etc.... mais ou menos o que faz o vigário na Paróquia. Naturalmente há missas, confissões etc. Além disso devemos viver com os soldados, informando-nos se eles costumam escrever regularmente para casa e responder às cartas. Tudo isso com o tempo vai arranjando muito o que fazer para a gente. Depois temos de dar instruções morais aos soldados.

Anteontem fizemos uma marcha pesada de 29 quilômetros, acampamos num lugar muito bonito, à beira-mar, e estivemos em exercícios formidáveis.

A lembrança que eu trouxe: um calo bem dolorido no calcanhar.

Como vai indo o nosso padre Pedro? Diga-lhe que logo que tiver oportunidade irei à Holanda e, se ele quiser que eu dê notícias à família dele, é só mandar o endereço. Naturalmente não é certo que eu cumpra a promessa. Primeiro porque ainda não embarquei, depois não sei se chego à Europa e, finalmente, não sei se chego à Holanda.

Bem, minhas boas irmãs, quando nos veremos só Deus o sabe. Ou aqui neste mundo ou lá no outro, espero encontrar-me com todos. Só peço ao bom Deus que ele me cubra de infinitas graças e bênçãos.

Pelo resto, seja tudo pelo bem das almas e glória de Deus. Até voltar, vá dando balas às crianças! A todos um abraço muito amigo e as saudades do

Frei Orlando

E, enquanto a guerra continuava na Europa, no morro do Capistrano o treinamento e os exercícios se intensificavam. Tudo segundo os novos padrões americanos, sob a supervisão dos seus consultores, sem muita preocupação com as diferenças entre o biótipo e as características do soldado americano e do brasileiro.

No infernal campo de instrução em que estava transformado o morro do Capistrano, destacava-se, para horror dos expedicionários, o que eles apelidaram de "barco". Na realidade era uma estrutura existente no final da pista de obstáculos, à qual os homens já chegavam cansados, após terem vencido diversos deles — rastejar por baixo do arame farpado, subir corda, saltar um fosso, transpor um cavalo de pau de cerca de dois metros e outros, sempre equipados com a mochila e conduzindo o fuzil. Visava o referido obstáculo a constituir-se num simulacro das redes de embarque e desembarque existentes nos navios de transporte de tropas, e assim apresentava-se diante dos soldados: imitando o costado de um navio com sua rede que, segundo repetiam os instrutores, seria útil em caso de torpedeamento do navio.

A simples visão do "barco" já horripilava, pois tropas brasileiras em deslocamento marítimo para o Nordeste já tinham sido alvo de submarinos alemães e quase todo o efetivo perecera. Mas a execução do exercício era exaustiva e demandava galgar o costado pela rede de cordas — era alto, com cerca de seis metros — por um lado e descer pelo outro rapidamente, no menor tempo possível. Isso sob a gritaria de palavrões para os que apresentavam dificuldades e apitos estridentes dos instrutores.

Frei Orlando sempre realizava os exercícios da pista de obstáculos junto com os tenentes de infantaria à frente do regimento e com facilidade, permanecendo, porém, junto à rede para ajudar os soldados que já chegavam esgotados ao "barco" e não logravam transpor da primeira vez. E, ignorando os olhares dos demais oficiais que estavam por perto e murmuravam: "Olha, lá vai o Frei de novo!", erguia o soldado caído, passava o braço em torno da sua cintura, dizia coisas no seu ouvido e o levava até a rede, insistindo com ele até que lograsse transpor o obstáculo.

Mas naquela manhã de agosto frei Orlando encontrava-se, como sempre, junto ao "barco" quando um soldado, depois de transpor a rede, desequilibrou-se e caiu. A queda foi violenta e a morte imediata, a segunda que ocorria no Regimento Expedicionário — a primeira deu-se por afogamento, ainda em São João del-Rei.

O exercício continuou, e o capelão, entristecido, comentou com Max Wolff e outro jovem sargento que ele conhecia das conversas sobre religião que tantas vezes tinham sob uma enorme árvore do acampamento:

— Não sei, não... Por que tanta exigência nesses exercícios?...

Max Wolff, que morreria em combate meses depois à frente de sua patrulha na Itália, um dia após ter sido condecorado pelo Exército Americano por bravura, replicou com sua visão de rígido sargento de infantaria:

— É preciso, Frei... é preciso... os americanos enfrentam os nazistas há dois anos, eles sabem o que estão fazendo...

O outro sargento, entretanto, observou:

— Americanos... americanos... vocês já notaram nos filmes de treinamento que eles passam aqui? Lá existem regimentos só de brancos e regimentos só de pretos, *coloreds*, como eles os chamam. Será que eles pretendem trazer esse tipo de experiência aqui para nós?

O frade não respondeu, limitou-se a sair andando com os amigos, não sem antes comentar:

— Bem que eu gostaria de um pouco de treinamento para enfrentar o inverno e a neve na Europa...

✢✢

Já se viviam os últimos dias de agosto de 1944 e em breve a Força Expedicionária Brasileira completaria seis meses de treinamento no Capistrano. Nos fins de semana, quando tudo corria normalmente — sem exercícios extraordinários —, oficiais e praças eram dispensados e sob licença de algumas horas, até a revista do recolher, às 9h da noite, podiam passear pela cidade livremente. Para os cariocas era uma correria geral, e em poucos minutos o Regimento Sampaio — o 1º RI, ali mesmo da Vila Militar — estava vazio, restando apenas o pessoal de serviço. Contudo, o mesmo não se dava com o 11º RI, o 6º RI e outras unidades de fora do Rio.

Frei Orlando usualmente aproveitava as licenças para sair. Gostava de passear pelo Rio de Janeiro, porém sempre tinha os mesmos destinos: a casa de frei Solano numa igreja de Cascadura, velho amigo dos tempos de São João del-Rei, e a residência do coronel José Bina Machado, chefe de gabinete do ministro Eurico Gaspar Dutra e de quem se tornara amigo nas andanças pelo Ministério da Guerra tentando apressar sua convocação.

Numa noite de sábado, retornou da licença bem mais cedo e entrou calado na barraca dos tenentes da Companhia de Comando Regimental, que era a sua subunidade. Os jovens oficiais, todos na faixa dos 20 e poucos anos, evitavam sempre falar das coisas tristes da guerra e usualmente eram alegres e envolvidos em brincadeiras e gozações uns com os outros, e o "Frei" era um dos mais atuantes. Assim, todos estranharam sua atitude reservada e não o pouparam:

— Uai, gente... o que aconteceu com o preferido do chefe de gabinete do ministro?

Ele foi mudando de roupa e logo dizendo:

— Não vou mais à casa dele! Sou seu amigo, mas não voltarei mais lá!

Naquele instante entrou na barraca dos tenentes o capitão Rafael Rodarte, comandante da Companhia de Comando e oficial designado pelo Comando do Regimento, desde a chegada dos capelães, para funcionar como uma espécie de orientador, instrutor e preceptor deles, visando à sua adaptação à vida militar. Desde São João del-Rei o franciscano e o jovem oficial com quem regulava idade eram amigos, e quando o frade ingressara no Exército esses laços se estreitaram. Católico praticante, Rodarte — que alguns anos após a guerra logo chegaria a general —, no fim de semana anterior, levara frei Orlando e outros capelães católicos do Regimento para visitar seu primo, o velho padre João Gualberto do Amaral. Recolhido humildemente ao Convento de Santa Tereza, onde ensinava catecismo, o padre João Gualberto, já avançado em anos, era admirado por todos pela sua sabedoria e pelo seu conhecimento. Rafael sugerira aquela visita por achar — com aprovação geral — que seria útil a entrevista com o sacerdote. E todos se lembrariam da dificuldade de frei Orlando para vencer o espanto da freira que os recebeu pela portinhola do convento, espantada ao divisar tanta gente fardada e expressando-se num francês com forte sotaque suíço, diante de um militar que arrastava o francês com pronúncia holandesa e dizia-se frade.

Muito bem recebidos pelo padre, conversaram até o cair da noite.

Padre Gualberto fez questão de acompanhá-los até à saída, estava feliz e emocionado, caminhando com dificuldade. No pátio, repentinamente, ajoelhou-se no chão e virando-se para os sacerdotes pediu, fervoroso e humilde, que o abençoassem!

Nenhum dos jovens expedicionários se esqueceria de tal quadro ao anoitecer daquele dia, sob o céu estrelado do Rio de Janeiro, na estrada que conduzia ao Cristo Redentor. Ao sair, enquanto se encaminhavam para tomar o bondinho de Santa Tereza, permaneceram em silêncio.

Sempre que o franciscano estava com Rafael a lembrança de seu primo vinha-lhe à mente.

Naquela noite de sábado, na barraca dos tenentes, que tinha capacidade para dez oficiais com camas de campanha e armários, assim que notaram a entrada do capitão, os colegas do frade afastaram-se, após cumprimentos e continências, indo todos os quatro que ali se encontravam para fora.

Incrivelmente, observavam os americanos em contato com os brasileiros, estes eram capazes de aliar amizade profunda, jogos de futebol, samba batucado no capacete ou na caixa de fósforos, piadas e gargalhadas entre eles com a mais rígida disciplina "quase germânica" em combate.

Nunca os nossos aliados conseguiram entender a índole do soldado brasileiro.

Os dois trocaram algumas palavras sobre como tinham aproveitado o dia de licença e o frei contou ao amigo o que estava acontecendo:

— O coronel me recebe muito bem, capitão... converso, almoço... Eu gosto de ir lá e devo muito a ele...

— Então por que diz que não volta mais lá?

— Uai... são as moças da casa e suas amigas, elas ficam querendo me namorar, querem que eu dance com elas... e eu fico todo sem jeito, capitão... e tudo isso longe das vistas do coronel.

Rodarte esboçou um sorriso de compreensão, sentando na cama.

— Será que elas, que são parentes de oficiais, não conhecem as insígnias do Exército Brasileiro? Não sabem o que significam essas duas cruzes na minha gola?

— Capelães são coisa nova no Exército, Frei...

Ele sorriu e olhou demoradamente para o capelão, que terminava de vestir o uniforme de instrução, quando sua atenção se voltou para o interior do armário que estava aberto e seu olhar fixou-se nas vestes clericais do frade, particularmente no hábito marrom.

No outro fim de semana, eis que frei Orlando saiu cedinho, sem dizer aos seus amigos aonde ia. Pairou uma ponta de preocupação entre aqueles jovens tenentes, alguns oriundos da Escola Militar de Realengo e outros dos Cursos de Preparação de Oficiais da Reserva, principalmente no pequeno grupo de quatro ou cinco mais próximos do frade, que a guerra ligaria para sempre. Eram eles que entre uma brincadeira e outra calavam-se para ouvir o Frei — o mais velho entre eles —, que sempre tinha palavras de otimismo e fé.

O dia passou, e lá por volta das 6 da tarde eis que ele surge, sorridente, barraca adentro, envergando hábito e sandálias!

A surpresa foi geral, pois todos sabiam quanto ele apreciava vestir o seu uniforme de gabardine verde-oliva, que sempre passava a ferro com o mesmo cuidado que tinha com as vestes religiosas. E frei Orlando, que estava alegre, não se fez de rogado, sentando entre seus companheiros.

— Aonde você foi assim, Frei? Perguntou um deles.

— Uai... — respondeu ele, com a mais autêntica pronúncia mineira. — Assim como?

— Com esse... uniforme — completou um outro.

— Fui à casa do coronel, ora...

Fez-se um silêncio cheio de curiosidade, pois todos sabiam o que tinha acontecido na semana anterior.

Frei Orlando pôs-se de pé e contou:

— Foi ideia do capitão... elas pensavam que eu era um oficial combatente, nunca tinham visto um capelão... nem sabiam que existiam. Foi uma surpresa geral quando me viram de hábito.

— Sim... e daí?

— Ficaram minhas amigas... algumas até confessaram para a missa de amanhã.

Foi uma risada só, enquanto alguns abraçavam Orlando e outros davam tapinhas nas suas costas.

— O velho frei Orlando... sempre saindo numa boa — disse um deles.

E os outros três, juntando-se numa só voz e imitando um pedido:

— Frei... leva a gente com você no próximo sábado, leva...

Entretanto, o que nenhum deles sabia é que aquela tinha sido a última licença no Brasil.

Naquele momento o 6º RI, de Caçapava, São Paulo, que segundo "boatos" tinha embarcado no dia 2 de julho de 1944, já entrava em combate na Itália! Junto com os paulistas tinham seguido também a 4ª Companhia e um Pelotão de Morteiros do 11º RI.

Era setembro de 1944 e em poucos dias estariam viajando pelo Atlântico com destino desconhecido... que alguns julgavam ser a África, outros a Europa.

Antes disso frei Orlando teve a satisfação de num determinado dia, quando se encontrava na fila do rancho, marmita na mão para receber a refeição, como todos os expedicionários — ali não existia distinção entre locais e comida para oficiais, sargentos, cabos e soldados, era tudo igual, no melhor estilo americano e de situação de combate —, ser chamado humildemente, por um franzino soldado de fora da fila:

— Frei... Frei...

Ao aproximar-se, o frade reconheceu o pracinha que durante uma das longas marchas noturnas realizadas na Barra da Tijuca ficara para trás e extraviara-se na escuridão.

Abraçaram-se.

Na ocasião, todos no Regimento preocuparam-se, temendo nova baixa e também pelo Frei, que desaparecera. E pela madrugada, quase ao amanhecer, eis que surgem frei Orlando e o claudicante soldado. Frei Orlando ficara com ele a noite toda, e o jovem operário de São João del-Rei jamais se esqueceria disso.

3

Itália, 1945

Pelo caminho de frei Orlando

1_ Novamente rumo à Europa

O dia 21 de setembro de 1944 começou de forma diferente no Capistrano.

A partir do toque de alvorada às 5h30 da manhã tudo foi frenético e avassalador desde o início, pois a notícia correu célere: "Chegou a hora, vamos embarcar!". Frei Orlando, assim como os demais oficiais, sabia disso desde a véspera e incrivelmente o frade dormira tranquilo naquela noite — afinal terminava a ansiedade! Realmente, todo o Regimento, que estava acantonado, que é a forma de estacionamento em que parte do efetivo fica em instalações prediais e parte em barracas, havia mais de seis meses sofria as agruras de um quase confinamento nos galpões de madeira e zinco que tinham sido construídos às pressas para acomodar as tropas por pouco tempo. No entanto, os meses foram passando e, embora o treinamento previsto já tivesse acontecido, nada de embarque. Com o tempo a tropa tornou-se inquieta e o ceticismo quanto ao embarque era geral, e tal estado de espírito só não era mais incidente graças à atuação dos capelães militares e oficiais subalternos, que procuravam manter os subordinados bem informados, se bem que de pouca coisa soubessem.

Muita coisa tinha mudado desde os tempos da declaração de guerra em 1942, quando o povo, principalmente estudantes e a população urbana, que era a mais bem informada num país de regime ditatorial e censura rígida, clamava entusiasmado nas ruas pela guerra.

Decorridos dois anos desde a entrada do Brasil no conflito, a comoção que tomara conta de toda a nação dera lugar a um estado de expectativa diante dos acontecimentos. Entretanto, o governo Vargas, que no início de 1940 e logo em seguida tinha demonstrado indecisão, morosidade e pouca ação relativa à participação mais ativa do país na luta — embora a Marinha estivesse em pleno combate —, desde a criação da FEB, em 23 de novembro de 1943, mudara de procedimento. Havia, então, empenho na estruturação e na plena efetivação da participação de tropas do Exército Brasileiro na guerra no exterior. E independentemente disso a força terrestre já guarnecia com eficiência grande parte da região costeira.

Também constituindo importante fator na formação dos expedicionários estava a realidade de que poucas daquelas pessoas que gritaram em manifestações e eram das chamadas classes sociais mais informadas e de melhor posição social participavam da FEB — segundo o general Meira Matos, integrante desde os primeiros dias da FEB como capitão, "[...] foram para a Itália o agricultor de Minas e de São Paulo; o pessoal da Baixada Fluminense; comerciários, bancários; era essa a massa da FEB. [...] havia nesses homens menos cultos uma consciência nacional".

O peso da opinião pública não se podia fazer sentir num país dominado pela censura da ditadura e pelas naturais limitações do estado de guerra. Mas era certo que o povo — submetido a racionamento de gêneros e restrições de todo tipo, e embora a Marinha viesse travando com êxito a luta contra os submarinos no Atlântico Sul, e a recém-criada Força Aérea Brasileira, além da guerra antissubmarina, já se aprestasse para combater na Itália — desejava com ansiedade que a FEB seguisse para participar da luta contra o Exército Alemão.

Frei Orlando, nesse meio-tempo, ia desenvolvendo o seu trabalho como podia e achava melhor, pois não havia um parâmetro anterior, já que capelão era coisa nova... Mas, já que não existiam rotinas ou normas estabelecidas, além, é claro, dos manuais do Exército Americano sobre o assunto, que espelhavam outra realidade, o capelão deixava-se guiar pelo que o franciscano dizia, dentro de si, ser o melhor para as diversas situações que surgiam. E, além das práticas religiosas costumeiras, o de mais diverso e inusitado aparecia para o frei. Desde as rotineiras leituras e redação de cartas para os soldados analfabetos, ocasiões em que muitas vezes era solicitado a dar conselhos até sobre questões familiares, até palestras com orientações morais e sobre procedimentos com as populações inimigas e prisioneiros, sobre mulheres e problemas sexuais. E cada vez mais, numa tropa estressada, interceder junto a oficiais superiores em questões disciplinares, argumentando para cada caso — não com o perdão franciscano, mas com a lógica militar — sobre a difícil situação do pracinha. Afastado de sua casa e de sua família em Minas Gerais, confinado em barracões de madeira e zinco no clima quente do Rio de Janeiro, pensando em seguir para uma guerra que não acabava nunca e para ele também nunca começava.

Era comum, no intervalo do rancho (hora do almoço), estar sentado no chão no desenrolar de um exercício, comendo em sua marmita, sob uma sombra de árvore no meio dos soldados, e ser interrompido por um ou outro pracinha, que às vezes não conhecia, pois eram 4 mil no Regimento Expedicionário:

— Frei...

Ele, ignorando sempre sua posição de oficial, fazia então um gesto largo e, sem parar de comer e dando uma olhadela para o soldado, dizia:

— Sente aí, meu irmão...

E antes que o pracinha sentasse ao lado do frade todos os que estavam perto já tinham se afastado, e os dois conversavam em voz baixa pelo tempo que fosse necessário — uma conversa que seria, sempre, mantida em segredo pelo franciscano.

Naquela mesma noite de 21 de setembro, o 11º RI deslocou-se de trem e a pé da Vila Militar até o porto. O sigilo da operação procurou ser total, pois havia o perigo sempre presente de informações serem fornecidas aos submarinos alemães.

Assim, procurava-se manter ao máximo a disciplina do silêncio, coisa que a tropa já conhecia e fora um estrondoso êxito quando do embarque do 6º RI algum tempo atrás. Na ocasião, o Regimento simulara um embarque numa noite, a certa hora e em determinado local, enquanto a tropa paulista embarcava em segredo noutro local, surpreendendo os alemães quando de sua entrada em combate na Itália, na segunda quinzena de setembro, com uma vitoriosa e fulminante ação no vale do rio Sercchio.

Mas, não se sabe como, naquela noite de 21 de setembro alguns parentes e amigos de pracinhas — o 1º RI, do Rio de Janeiro, embarcaria na mesma noite — estavam pelo trajeto no centro da cidade e na região do porto quando as tropas passaram.

Foi um momento silencioso e triste, sem aplausos ou quaisquer manifestações.

Já tendo seguido anteriormente o 6º RI, que constituíra o chamado 1º Escalão de Embarque, naquela noite embarcariam os cariocas do Regimento Sampaio, o 2º Escalão, e os mineiros do "11", o 3º Escalão.

O Exército Brasileiro, que planejava desde a criação da FEB enviar para os campos de luta um corpo de exército constituído de três divisões de Infantaria, completava naquela noite o embarque do grosso da 1ª Divisão de Infantaria Expedicionária. E ficaria nisso, pois a guerra acabou sem que esses planos fossem postos em execução.

A viagem foi inesquecível para todos os integrantes do Regimento, na imensa maioria mineiros que só tinham visto o mar pela primeira vez no Rio, e poucos deles tinham navegado alguma vez na vida pelo oceano. No imenso navio de transporte de tropas americano, o grande número de passageiros ali acomodado — toda a unidade — mais parecia, segundo diziam os pracinhas para o frade, "sardinha em lata". Não havia espaço para mais nada ou alguém nos diversos conveses em que os expedicionários aboletavam-se em beliches, mais parecidos com macas, alguns no chão.

O enjoo tomava conta de todos, e um grande problema era onde vomitar... Alguém aconselhou que era bom mascar casca de laranja para amenizar, e a procura pela fruta tornou-se frenética. Mas, numa época em que o Exército Brasileiro não tinha ainda as próprias rações, a alimentação consumida a bordo — e em combate — era totalmente americana. Nada de café com leite, pão, manteiga e queijo pela manhã, ou o costumeiro arroz com feijão, lombinho, torresmo no almoço e no jantar. Era *bacon* com ovos, pão e alguma fruta no café preto de manhã; milho branco, carne, legumes e feijão doce no almoço; tudo acrescido de abundância de frutas, chocolates e cigarros. Outro aspecto, segundo ainda o general Meira Matos, era: "[...] outro desconforto desses grandes navios de transporte é o problema da alimentação. No refeitório não cabia todo o efetivo, e por isso o pessoal era dividido em turmas: o primeiro café da manhã era às 7 horas; a segunda turma às 8 horas; a terceira às 9 horas; a quarta às 10 horas. Aí acabava o café da manhã e começava, às 12 horas, a primeira turma do almoço. Havia gente que ficava desesperada, com fome, vendo os outros já alimentados".

Frei Orlando fazia o possível para melhorar a situação, mas não se conformava com o fato de que dias após o embarque, quando não havia mais o perigo de vazamento de informações, o destino da tropa ainda permanecesse em segredo. E todos vibraram quando foi anunciado que iam para a Itália! Ele era dos mais alegres, e logo começou a dizer e repetir para o seu comandante de Companhia, o capitão Rodarte, que queria ver o papa.

Na maior parte do dia, percorria o navio celebrando missas, rezando o terço, tocando gaita e contando suas piadas. Estava feliz...

Mas a Europa que iria rever seria uma terra diferente e arrasada pela guerra, gente infeliz, sofredora e amargando os efeitos dos bombardeios, batalhas, mortes e saques, além da fome e da miséria que grassavam intensamente, particularmente na velha Itália. Esta não era mais a nação da beleza e da arte, onde as ruínas históricas lembravam a glória da Roma antiga e o povo alegre cantava e bebia vinho nas cantinas.

Aliás, desde algum tempo, antes mesmo da Grande Depressão dos anos 1929 e 1930, a nação italiana, que fora a última da região a unificar-se como Estado, lá pelos idos do final do século XIX, apresentava um retardamento no que dizia respeito ao progresso e ao desenvolvimento experimentados pelos seus vizinhos e pela Inglaterra. As indústrias não conseguiam ainda atingir o patamar dos outros países vencedores da Primeira Guerra Mundial, da qual também participara a partir de 1915. Saíra desta em flagrante desvantagem em relação aos outros países, principalmente na repartição de colônias e possessões na África, e imediatamente começou a amargar graves problemas econômicos e sociais com crescente impacto na população. Até que a crise de 1929 determinou o caminho que a nação seguiria: para a guerra e o caos! Porém, antes disso, outro fator desagregador do país eclodiu como o "salvador da pátria", lá pelos idos de 1921: o fascismo de Mussolini. Sendo uma monarquia, teoricamente parlamentarista e democrática, a desagregação social causada pela miséria que se seguiu à Primeira Guerra — foi a época das grandes levas de imigrantes italianos para os Estados Unidos, Argentina e Brasil — possibilitou a ascensão ao poder do partido fascista sob a liderança de um conhecido jornalista que não escondia sua tendência à megalomania. Sendo o fascismo abertamente uma ideologia de predomínio total do Estado sobre os indivíduos, Mussolini logo instaurou o que dizia ser a "Nova Roma dos Césares", cujo César era ele mesmo.

Ali estava o fascismo, irmão mais novo do nazismo em gestação na Alemanha.

Comungando os mesmos ideais, visão do mundo e processos de solução dos problemas que afligiam seus países, Mussolini e Hitler logo estabeleceram alianças, principalmente na área militar, e desde a revolução espanhola passaram a agir efetivamente de forma conjunta nas guerras que promoviam. No início, até 1939, com a eclosão da Segunda Guerra Mundial, eram de fato aliados, mas com o passar do tempo a predominância de Hitler se estabeleceu, principalmente depois dos repetidos fracassos do Exército Italiano na Etiópia e na Grécia. Na frente interna, Mussolini motivou tanto uma fanática legião de seguidores — os "camisas pretas" — como ferrenhos opositores, o que logo tornou necessária a intervenção cada vez mais numerosa de tropas alemãs em território italiano. Surgiram os *partisans*, milícias paramilitares que combatiam pela derrubada do ditador e contavam com auxílio externo dos Aliados.

A Itália transformou-se num devastado campo de batalha, principalmente depois da derrubada, da fuga e da morte de Mussolini pelos *partisans*, situação agravada pela invasão aliada.

Combatia-se em todo o território italiano, e as cidades arrasadas pelos bombardeios e combates terrestres passaram a assistir ao triste espetáculo de uma população dizimada pela guerra, esfomeada e com medo que vagava pelas ruas e pelos campos, esmagada entre os antigos aliados alemães e agora a força de ocupação e as tropas aliadas de diversas nacionalidades: americanas, inglesas, canadenses, polonesas, indianas, sul-africanas, neozelandesas e outras.

Porém, em 1944, a chamada frente italiana perdeu sua importância nos planos aliados, que decidiram concentrar esforços na frente aberta na invasão pela Normandia, transformando-se a Itália numa guerra de fixação de tropas nazistas e sem maiores objetivos visando à vitória final.

Idêntica era a estratégia nazista — fixação de grandes efetivos aliados na Itália, desviados assim da invasão da Alemanha através de Normandia, França etc.

Tinha-se assim um teatro de operações sem grandes pretensões estratégicas, mas extremamente feroz e violento.

✢✢

Por volta do mês de setembro, quando o 11º RI e o restante do 2º e do 3º Escalões da FEB embarcavam, os aliados já tinham tomado Paris, mas, por outro lado, tentavam salvar do fracasso o plano de invasão aerotransportada da Holanda. Patton, o mais agressivo general americano, tinha seu ritmo de avanço diminuído por falta de combustível. Nessa frente, os alemães recuavam e preparavam um terrível contra-ataque: a Ofensiva das Ardenas. Enquanto isso, na frente oriental os russos avançavam de forma avassaladora.

Na Itália, entretanto, entrincheirados nos vales do montanhoso território da península, os alemães infligiam pesadas perdas aos aliados.

Nápoles, a primeira visão que os expedicionários tiveram da Itália, recentemente tomada pelos americanos e ingleses, oferecia uma aterradora mostra da ferocidade com que se defendiam os inimigos. O porto estava praticamente inoperante, pois o acesso era obstruído pelos destroços de navios afundados e instalações que nada mais eram que ferro retorcido e fumegante, já que a artilharia alemã continuava ativa.

Mas o destino final não era Nápoles e sim o porto de Livorni, para onde aos poucos a tropa dos navios foi sendo transportada em barcaças. Estas não eram embarcações apropriadas para transporte de tropas e sim destinadas a conduzir soldados por alguns minutos somente, sem volumosos equipamentos, visando a um desembarque ofensivo — o que não era o caso dos brasileiros num deslocamento longo, equipados e sem o mínimo conforto em embarcações que sacolejavam ao sabor das ondas.

Fazia muito frio e ventava quando, em 12 de outubro, o Regimento pisou firme em solo italiano e em pouco tempo iniciou o deslocamento em viaturas americanas na direção do primeiro acampamento que os mineiros teriam na Europa, o parque do rei Vitor Emanuel, denominado San Rossori. Quando a tropa afastara-se apenas cerca de uma hora do porto, este sofreu violento bombardeio de artilharia, que por pouco não alcançou os brasileiros ainda na cidade. Imediatamente, aproveitando a luz do dia, o acampamento foi sendo montado. Ao anoitecer, os soldados já praticamente instalados ouviam ao longe, em Livorni, o baque surdo das bombas alemãs, entreolhando-se sem poder esconder a preocupação.

Finalmente a "cobra estava fumando!"

Agora estavam acampados perto da cidade de Pisa, de onde os alemães também tinham sido expulsos havia dias. E frei Orlando não poupava os amigos de seus conhecimentos de professor de História, discorrendo entusiasmado por estar ali e sobre fatos ocorridos na Idade Média, relacionados com a torre inclinada de Pisa. Mas o cansaço era muito e as emoções de grande monta para aquela gente do interior de Minas Gerais. Logo após a revista do recolher e antes mesmo do toque de silêncio, quase todos estavam dormindo.

Naquela noite não rezaram o terço.

Na manhã do dia seguinte, ainda se complementavam as providências para a instalação do estacionamento do Regimento em San Rossori — onde os nobres praticavam caça nos felizes dias de antes da guerra, uma extensa planície com árvores e pequenos bosques — quando frei Orlando e os outros capelães da unidade, frei Alfredo e padre Elói, celebravam a primeira missa em solo italiano. Depois, todos voltaram a seus afazeres, instalando e montando barracas e a estrutura da Companhia de Comando; afinal, sabiam os oficiais, ficariam ali por algum tempo.

2_ A Sopa dos Pobres vai à Itália

A histórica cidade de Pisa, tão procurada pelos turistas nas épocas de paz, agora estava transformada numa espécie de centro de operações dos Aliados na região. Nem tanto a cidade propriamente dita, mas os arredores e as áreas circunvizinhas pareciam ter sido loteados ao V Exército Americano, do qual a FEB agora fazia parte, juntamente com tropas de diversas nacionalidades.

Mas não era propriamente uma área de retaguarda, pois a frente de combate ficava logo adiante, montanha acima, onde o 6º RI, de Caçapava, São Paulo, que chegara à Itália antes dos mineiros e cariocas do "11" e do Sampaio, enfrentava os alemães em renhidos combates no meio da neve que lá em cima já estava presente.

Quase todo o tempo disponível era aproveitado para as providências administrativas, como resolver a questão da semelhança do uniforme brasileiro com o alemão — o que foi atenuado com as peças americanas que a tropa recebeu, como a jaqueta cáqui e outras — e principalmente providenciar vestimentas adequadas ao frio da região; o treinamento foi retomado, dessa vez sob condições reais de clima e temperatura, técnicas de ações nas montanhas e tiro real com o armamento americano de que o Regimento foi dotado.

O contato direto com os instrutores americanos que estavam em combate e também com soldados brasileiros do 6º RI, feridos e em missões diversas que passavam pela área do 11º RI, trazia notícias e agregava experiências da intensidade da luta.

Frei Orlando liberou-se um pouco dos treinamentos de combate e começou a percorrer a região. Logo deparou com os chamados hospitais de campanha, que era para onde os feridos na frente de combate, distante alguns quilômetros, eram transferidos para o atendimento necessário até que fossem conduzidos para outros mais na retaguarda, onde o tratamento era mais especializado e aguardariam evacuação.

Ali se viu diante daquilo que sempre dizia aos seus amigos na barraca dos tenentes sobre a bestialidade da guerra — sofrimento, morte, amputações, dores, gemidos.

Não havia honra naquilo... só o campear do mal.

Brasileiros, americanos, ingleses e até alemães jogados sobre camas de campanha e macas sendo atendidos, num corre-

corre frenético, por médicos e enfermeiras extenuados. Frei Orlando foi dos primeiros a perceber e reclamar com veemência — ali mesmo — para os oficiais americanos responsáveis pelos hospitais e logo depois para o Comando do V Exército Americano e do Regimento a falta que faziam enfermeiras e médicos que falassem português!

Não havia ainda enfermeiras brasileiras atuando, o que só mais tarde aconteceu.

Frei Orlando tornou-se uma presença constante nos hospitais de campanha.

— Estou onde mais precisam de mim — respondia aos que diziam que ele estava sumido do Regimento.

Assistência religiosa, orações, palavras de ânimo e conforto eram a sua atitude junto a todos — inclusive alemães feridos e agonizantes, graças ao alemão que aprendera a falar na Holanda. Com eles ocupava-se em conversar, ver retratos de mães, esposas, filhos e lugares. Logo estava junto a um ferido do 6º RI, falando de Caçapava, Piracicaba, São Paulo, Taubaté, e em seguida agachado ao lado de prisioneiros feridos, veteranos remanescentes do Afrika Korps, da 114ª Divisão Ligeira ou quase adolescentes recrutas da SS; sorrindo, animando, mostrando o crucifixo e repetindo que confiassem Nele, enquanto ouvia falar de Colônia, Frankfurt, Berlim... e das cidadezinhas do interior da Alemanha onde moravam.

Um dia, pela manhã, o capitão Rodarte parou o jipe — dirigido pelo cabo Crowel, estudante universitário em Minas e que pouco depois morreria em combate — em frente à barraca da Capelania e aos gritos chamou os capelães para embarcar: iriam visitar a Torre de Pisa!

A neve já caía levemente pela margem do rio Arno e na estrada que serpenteava rumo à cidade de Pisa, esburacada aqui e ali por crateras de artilharia. Dois dos capelães e o capitão Rodarte mostravam-se extasiados pela beleza daquelas paragens, enquanto o frei, um pouco sério, o que não era de seu costume, não pôde deixar de fazer um comentário:

— Bonito... mas perigoso esse inverno que está chegando.

— Perigoso, Frei? — indagou o cabo ao volante.

— É... você tem razão — concordou Rodarte. — O nosso pessoal não está acostumado... vamos passar maus pedaços lá em cima.

E no jipe por um instante fizeram silêncio e voltaram seus olhares para as montanhas brancas de neve no horizonte.

O resto do percurso de cerca de uma hora foi feito em silêncio, até que chegaram à cidade. Estacionaram perto do famoso monumento e entraram. Novamente sorridente, o frei foi o primeiro a vencer os degraus, correndo, confirmando o que todos diziam no Regimento sobre a sua excelente forma física. Lá do alto voltou-se para frei Alfredo, padre Elói e o capitão Rodarte, que chegavam ofegantes, brincando, como era hábito entre eles:

— Alguém cansado aí?

A vista panorâmica era realmente de uma beleza indescritível. Do alto podia-se divisar em torno toda a região por onde o rio Arno se estendia gracioso. Contudo, aqui e ali se viam distintamente tanto os acampamentos militares como os prédios, estradas e pontes destruídos pela guerra que destoavam do harmonioso conjunto arquitetônico e natural. Na ocasião lembrou para os amigos as violentas guerras italianas do final da Idade Média, quando a cidade de Pisa foi invadida pelos florentinos e inúmeras atrocidades foram cometidas.

De volta ao acampamento, frei Orlando, observador como era, não conseguia tirar da cabeça as imagens que mesmo de relance, ao passar de jipe, impressionaram o franciscano revestido com o uniforme de combate do Exército Brasileiro: adultos, mulheres, crianças e idosos perambulando pelas ruas, vasculhando latões de lixo, rodeando soldados americanos, pedindo aos clamores comida, chocolate, qualquer coisa para comer!

"Precisamos fazer alguma coisa! Precisamos fazer alguma coisa!" Era só nisso que falava com todos os que o cercavam, e não se curvava diante daqueles que retrucavam que estavam ali para travar a guerra e não para fazer caridade.

O seu amigo e comandante de Companhia, o capitão Rodarte, limitava-se à fitá-lo bem nos olhos e, lembrando-se de diversas situações semelhantes, observar em voz baixa:

— Frei... eu conheço esse olhar... olha o que você vai fazer...

Realmente, frei Orlando estava — novamente — perto de ter uma de suas "ideias" e colocá-la em prática.

Vivia-se já o início da segunda quinzena de outubro de 1944, dois dias após a visita à Torre de Pisa, quando num jipe conseguido pelo cabo Jarbas, daí para a frente seu auxiliar, sacristão e amigo, rumou para a cidade. Levava um carregamento razoável de rações de combate americanas, mais um suplemento de chocolate, cigarros (que eram moeda de troca valiosa na Itália) e disposição de fazer alguma coisa.

Em pouco tempo tudo se esgotou diante da multidão de pedintes.

Entretanto, antes de rumar de volta para o acampamento, dando algumas voltas pela cidade, depararam com uma figura familiar: uma freira pela rua conduzindo um carrinho de mão vazio. Parando o jipe diante da religiosa um tanto assustada, ele saltou agilmente, tirou o capacete, sorriu para ela e conseguiu, numa mistura de português, latim e o pouco italiano que conhecia, fazer-se entender pela irmã, que finalmente sorriu e murmurou aliviada:

— *Ah!... braziliani... braziliani... capelane!*

Em pouco tempo, no mesmo dia, o capelão já estava numa das áreas mais devastadas pelos bombardeios, cercado de idosos e crianças que ocupavam as ruínas de um colégio de freiras. Quatro irmãs, além da que o conduzira, procuravam sobreviver juntamente com duas dezenas de crianças e idosos no meio dos destroços. Imediatamente ele pôs-se em ação, depois de constatar que, além de o local não oferecer as mínimas condições de proteção no inverno que chegava, faltavam alimentos, agasalhos, remédios, móveis, utensílios e tudo o mais.

Na ocasião, Pisa estava cheia de americanos por todos os lados, e havia em funcionamento diversos centros e postos de serviços necessários ao contato com os aliados, principalmente, no caso, brasileiros. Frei Orlando e Jarbas procuraram alguns, tentando obter ajuda para as freiras e os desabrigados, mas tudo em vão; esbarravam sempre na negativa em atender a italianos e não entendiam bem a atitude do capelão brasileiro. Até que, já ao entardecer, depararam com um posto de serviço americano para o controle de evacuados. Ao chegar, foi recebido por um sargento, que o cumprimentou num português com forte sotaque luso — era filho de imigrantes da Ilha da Madeira.

Em pouco tempo, já com o sargento e um tenente americanos no jipe, percorreram as ruas de Pisa procurando entre as casas abandonadas pelos nobres e partidários dos fascistas, que já haviam sido vistoriadas pelos sapadores e declaradas livres de minas e armadilhas, uma que pudesse acomodar o "pessoal do Frei", conforme diziam a partir daí os americanos.

A casa logo foi encontrada e no mesmo dia, antes do cair da noite, o "pessoal do Frei" estava instalado e o jipe retornava para San Rossori, onde certo comandante de Companhia os aguardava, entre preocupado e furioso, pois tinham passado todo o dia fora.

A busca pela casa que abrigasse o asilo/orfanato/dispensário trouxe emocionantes recordações a frei Orlando, que à noite, antes de dormir, não pôde deixar de lembrar da situação semelhante que vivera em São João del-Rei quando procurava a casa que acomodasse a Sopa dos Pobres.

Faltava ainda providenciar a manutenção do asilo... mas, raciocinava ele, se havia algo em que o Exército Americano era excelente e até pródigo era na área de apoio logístico, incluindo móveis, instrumentos, ferramentas, veículos e... gêneros. Assim, não foi difícil para o insistente frade estabelecer uma espécie de sistema de apoio para as freiras através de uma linha de abastecimento "oficiosa" que passava pelo sargento luso-americano e manteve a instituição até o final da guerra.

Mas algo novo estava acontecendo junto do acampamento de San Rossori no parque do rei Vitor Emanuel, onde as tropas brasileiras estavam estacionadas: diariamente aumentava o número de italianos em plena miséria em torno dele.

De fato, acontecera que desde o início da guerra, graças à política de Mussolini e sua aliança e sua submissão a Hitler, a Itália viu-se de forma crescente tomada pelas tropas nazistas. Primeiro as coisas sucederam meio naturalmente, quando os alemães foram chegando — aos milhares — com a desculpa de ajudar a organizar e estruturar o Exército Italiano, que não ia bem em suas aventuras militares, tanto na Etiópia como na Grécia. Em ambas as oportunidades, e mesmo lutando ao lado do Afrika Korps de Rommel no deserto, rapidamente Exército, Marinha e Força Aérea Italianos ganharam fama de péssimos combatentes, independentemente da grandiosidade que apresentavam nos desfiles militares. Mas o que de fato acontecia é que fora dos círculos sindicais, palacianos e fascistas do ditador a esmagadora maioria do povo não estava profundamente inoculada pelo fascismo e não acreditava no sonho — que logo virou pesadelo — do "Novo Império Romano", visualizando Mussolini como um fanfarrão e Hitler como um louco em constante crise.

Mas ambos mostraram-se mortalmente perigosos.

Contudo, os italianos reagiram como estava ao seu alcance, coisa que os alemães não fizeram. E a recusa, inicialmente passiva, a colaborar estabeleceu-se por quase toda a população, inclusive nas forças armadas, que foram optando por não combater ou fazê-lo ao lado dos aliados — e só uns poucos continuaram com os alemães.

Estabeleceu-se o caos completo, acrescido pela ação dos "camisas-negras", que eram uma milícia de apoio a Mussolini, e mais tarde dos *partisans*, que combatiam o ditador e o perseguiram até que fugiu e foi morto por eles.

O novo governo italiano, dividido e sem poder, bandeou-se para os Aliados, e a Itália passou então de aliada a inimiga dos nazistas — contudo, parte das tropas fascistas continuou até o fim da guerra a combater ao lado dos alemães. Tornou-se mais um dos países ocupados pelos nazistas na Europa e mergulhou mais ainda na fome e na miséria, com a indústria e a agricultura totalmente voltadas para alimentar o esforço de guerra alemão. O desemprego e a miséria tomaram conta da população, que era violentamente reprimida pelas tropas alemãs e também pelos remanescentes dos partidários de Mussolini, os camisas-negras. A Gestapo agia livremente, e tropas da SS foram chegando para ajudar a instaurar o terror.

Tudo se agravou, entretanto, para a nação italiana quando os Aliados, na virada da maré da guerra, intensificaram seus bombardeios aéreos sobre grandes cidades, indústrias, pontes, estradas, vias férreas, silos, e desencadearam a invasão do território italiano. Os alemães resistiram ferozmente — houve unidades que jamais se renderam ou arredaram pé de suas posições até o fim da guerra. Havia casos de cidades e povoados que mudavam de mão várias vezes na mesma semana. Cada vez mais as tropas alemãs, com dificuldade de víveres, exploravam camponeses e fazendeiros, disseminando a fome entre a população.

E quando a invasão aliada chegou a presença de exércitos de várias nações, além do alemão — americano, inglês, canadense, polonês, indiano, sul-africano, neozelandês — e dos *partisans* e camisas-negras — que eram verdadeiros bandoleiros —, estabeleceu a confusão geral, medo e terror na vida da população.

Saques, matanças e estupros deixaram todos atemorizados diante das tropas de um novo país que chegavam.

Assim foi também com os brasileiros.

Porém, a FEB, que somente havia pouco mais de um mês chegara à região, quase imediatamente estabeleceu uma relação de confiança com os habitantes locais. Para isso muito contribuíram atitudes como a de frei Orlando — cuja notícia da forma de agir logo se espalhou — e também a fácil interação que rapidamente se estabeleceu com os italianos, muito facilitada pela língua e pela gente do Brasil, onde muitos diziam ter parentes... em São Paulo...

E era ele quem, sempre que seus afazeres permitiam, estava no meio deles, particularmente na hora do almoço, e nessas ocasiões o que mais se ouvia das pessoas que se aglomeravam pedindo era:

— *Dateme panne, cigareti, chocolatto, mio capelane*!

Mas frei Orlando não ficou apenas assistindo a tais fatos. Tratou logo de conseguir junto aos seus superiores no "11" que homens e mulheres italianos fossem admitidos para prestar serviços de faxina e lavagem de roupa no interior do acampamento, e o pagamento desejado por eles não eram liras, cruzeiros ou dólares, e sim café, pão, chocolate, latas de conservas de rações americanas. Pessoas que antes da guerra nunca tinham realizado tais atividades, entre elas estudantes, donas de casas, artistas, fazendeiros e gente simples do povo, entregavam-se com ardor ao trabalho, agradecendo a Deus — e ao frei — pela oportunidade.

Também os pracinhas brasileiros procuravam doar, ajudar... já que belas jovens passaram a ter acesso ao aquartelamento.

Alguns romances tiveram início nesses dias e vieram a resultar em casamentos e viagens para o Brasil ao final da guerra.

Mas a miséria e a fome persistiam, e o número de necessitados que não faziam sequer uma refeição por dia — havia velhos e crianças — preocupava o religioso. Novamente ele decidiu agir! E naquela noite, dois dias após ter conseguido o trabalho para os italianos, conversou com os amigos da barraca dos tenentes sobre o que ia pôr em prática na manhã seguinte. Ninguém se espantou, pois já o conheciam e sabiam que quando colocava uma ideia na cabeça, e isso envolvia ajudar os outros, nada o fazia desistir.

Mas um deles arriscou perguntar:

— Frei... você já consultou o Comando?

— Que comando? O capitão Rodarte é meu amigo... amigo dos pobres...

— Falo do Comando do Regimento — disse o tenente, olhando significativamente para os demais, que nada disseram.

— Ora... o comandante do Regimento e o Estado-Maior estão muito ocupados com a guerra para perceber o que eu vou fazer — e sorriu com malícia.

Lá pela madrugada, em plena escuridão — que era mantida com disciplina como prevenção contra ataques aéreos —, frei Orlando levantou-se e esgueirou-se pela barraca com cuidado para não acordar os demais. Mas todos os outros cinco ocupantes já estavam acordados, prontos para sair, e levantando-se, derrubando camas pelo caminho, foram até o frade, que os encarou, surpreso, dizendo em voz baixa:

— Pelo amor de Deus, vocês querem acordar o Regimento inteiro?

— A gente vai com você, Frei — disseram dois deles a um só tempo.

Ele ainda tentou argumentar:

— Deixa de besteira, gente... Olha, eu sou um frade, um franciscano, posso fazer um mundo de coisas por aqui que amanhã a guerra acaba e eu volto a ser um simples sacerdote! Mas vocês não, dois de vocês são militares de carreira, uma punição estraga tudo... e os outros não podem manchar sua passagem pelo Exército com uma punição... Isso com certeza vai dar em prisão!

Todos permaneceram calados, encarando o frade.

— Bem... seja o que Deus quiser, vamos — disse por fim, e saíram.

A movimentação a partir das 2 horas da manhã pelo acampamento foi intensa e, embora com muito cuidado e sem usar viaturas, era impossível que nem as sentinelas estivessem percebendo alguma coisa.

Aos poucos, empurrando carroças, reboques, carrinhos de mão, eles iam passando pelas ruas entre fileiras de barracas e recolhendo as pilhas de alimentos, na sua quase totalidade víveres americanos que os soldados tinham guardado da cota de cada um. Outro grupo tratou de recolher junto ao rancho panelas e material de cozinha, e assim, passando pelo Portão das Armas, foram montando do lado de fora, junto ao muro, uma grande barraca e lá arrumando a cozinha! Nem o barulho de erguer a barraca conseguiu despertar a atenção do restante do Regimento... nem mesmo o oficial de dia apareceu ou o comandante da guarda, apenas os soldados de sentinela permaneciam ali, olhando para lugar nenhum.

Quando, ao amanhecer, estava tudo pronto, parecia uma cozinha de Companhia. Frei Orlando liberou todos os soldados que foram aparecendo para ajudar, e eram mais de vinte! Jarbas ajeitou-se para tentar dormir um pouco até o sol nascer. Os tenentes da barraca — como eram conhecidos o frade e os amigos — voltaram para ela.

Quando entraram e se acomodaram, um deles perguntou:

— Sinceramente, vocês acham que o Comando não estava sabendo de nada?

— Então era só o Comando, porque o resto do Regimento... — disse outro.

— E o capitão Rodarte?

— Não é com isso que estou preocupado, gente — disse outro. — O nosso serviço de contrainformações é muito eficiente. Acho que sempre souberam: o coronel, o Estado-maior, o capitão Rodarte e os outros comandantes de batalhões e companhias; eles preferiram foi ajudar a população da cidade, que afinal nos tratou tão bem. Com certeza a nossa partida para a frente está muito próxima...

Todos foram deitar-se, mas ninguém dormiu.

Na manhã seguinte a alvorada tocou às 5 horas e seguiu-se a correria para o café — o banho era adiado para mais tarde por causa do frio. Às 6h30, sob a neve fraca que caía, o "11" estava firme e imóvel na formatura matinal, como sempre. Depois do canto do Hino Nacional, da Canção do Regimento e de algumas palavras do coronel Delmiro, os três batalhões começaram a deslocar-se, equipados e a pé, para a área de exercícios.

Frei Orlando, que preferira deixar de fora de sua "aventura" os outros dois capelães por temer envolvê-los numa transgressão disciplinar, procurara fazer segredo do que pretendia. Mas o que doía dentro dele era não ter contado ao seu velho amigo capitão Rodarte. Porém, de pé diante da barraca ao lado da qual tinha início uma longa fila de dezenas de mulheres, idosos, crianças e também adultos com vasilhames na mão, encolhidos de frio e aguardando a "Sopa", Frei Orlando prestou a continência regulamentar para a Bandeira, o comandante, os oficiais superiores, os comandantes de companhias, os jovens tenentes e a tropa que iam passando.

Com certo temor pela reação, cumprimentou Rafael Rodarte, que retribuiu, sorrindo para o capelão — o que o aliviou sobremaneira.

Um pouco atrás dele o cabo Jarbas permanecia impassível, tal como o anjo da guarda do frade.

E assim aquelas últimas semanas do Regimento em San Rossori foram passando.

Sabia-se por notícias dos feridos do 6º RI que passavam por Pisa, cada vez em maior número, que os paulistas estavam praticamente detidos nas montanhas diante das fortes defesas alemãs e sofrendo violentos contra-ataques noturnos. A tropa da unidade de Caçapava combatia sem parar desde 15 de setembro. Já era início de novembro, e todos sabiam que os americanos tinham por norma não deixar uma tropa na linha de frente por mais de trinta dias...

Estacionado em outro local, mas também em San Rossori, o 1º RI, do Rio de Janeiro, vivia expectativa semelhante.

Mas, quanto a frei Orlando, suas preocupações eram acrescidas pelo asilo em Pisa e as freiras que não cessavam de manifestar seus temores:

— Frei, o que será da gente quando o senhor for embora?

Além disso, com o aumento diário do número de italianos com fome na fila do que era chamado pelos pracinhas de a "Sopa do Frei", o velho e conhecido problema se apresentava não para o futuro, quando fosse embora, mas em conseguir alimentos para tanta gente a cada dia. No início fora relativamente fácil ir recolhendo o que os soldados poupavam de rações americanas, como chocolate, latas de feijão doce, canjica, carne enlatada, espinafre em conserva, *bacon*, frutas, galinha enlatada, sopa em conserva etc. Mas, como era do seu feitio, ele partiu logo para oferecer uma refeição... uma sopa! Para isso, contou de início com doações do serviço de aprovisionamento do Regimento, principalmente no que dizia respeito às verduras frescas, porém nada era oficial. O Comando não sabia ou fingia não saber.

Até que numa determinada noite o franciscano espelhou-se em São Francisco de Assis, que retirou alimentos da loja do pai, em Assis, e distribuiu aos pobres, e realizou juntamente com o cabo Jarbas uma incursão na barraca do aprovisionamento do Regimento. Várias viagens foram feitas com aquilo de que necessitava a sopa, tudo conduzido em carrinhos de mão pelos dois.

E a cada ida e vinda Jarbas perguntava:

— E o plantão, Frei... cadê o soldado de plantão?

— Sei lá, Jarbas... sei lá... deve estar dormindo...

— Dormindo, Frei? Soldado nosso de plantão não dorme... ainda mais em tempo de guerra...

— Ninguém vai dar por falta de nada, Jarbas — dizia, olhando em torno. — Tem muita coisa aqui... esses americanos são pródigos... dá para a guerra toda!

E sorria, mas estava tenso, nervoso.

Mas acontece que o plantão não estava dormindo... E depois que a dupla foi e não mais voltou ele acordou o cabo Joãozinho, que dormia num outro compartimento em sono profundo, e os dois passaram a gritar:

— Ladrão! Ladrão! Ladrão!

Ao voltar à barraca dos tenentes, quase meia hora depois da gritaria toda, encontrou seus amigos acordados e de olhos arregalados fixos nele.

— Foi mais uma das suas, não é, Frei? — perguntou um deles.

Frei Orlando permaneceu calado e sentou-se na cama, preparando-se para dormir.

— Você sabe, Frei... que o responsável pelo depósito é o capitão Rodarte?

Ele respirou fundo e deixou-se cair na cama, dizendo:

— Sei... sei... sei muito bem... Olhe, me deixem em paz!

E teve mais uma de suas noites sem dormir.

Na manhã seguinte, bem cedinho, antes do toque de alvorada, acordou os outros dois capelães e conversou longamente com eles.

— Vocês acham que eu estou em pecado mortal? — disse num determinado momento.

— Depende, meu irmão — retrucou um deles. — Você se arrepende?

— Arrepender... arrepender... bem, eu sei que não deveria fazer isso, principalmente pelo Rodarte... Mas não posso assistir imóvel, inerte, aos pobrezinhos morrerem de fome, basta o que a guerra já fez.

Frei Alfredo e padre Elói entreolharam-se, levantando-se quase ao mesmo tempo, sem nada dizer, e iam saindo da barraca quando ainda disse:

— Vou procurar o capitão Rodarte e esclarecer tudo — fez uma pausa, estendeu os braços nos ombros dos dois amigos e sorriu. — Não deixem de vir almoçar com a gente. Hoje vamos atender todo mundo! Não vai ficar nenhum sem comer!

Mas naquela manhã da primeira quinzena de novembro de 1944 não houve sequer formatura matinal. Enormes comboios de viaturas americanas de transporte de tropas foram entrando pelo acampamento e estacionando. Logo todo o efetivo estava empenhado num exercício de distribuição de veículos por batalhões e companhias, embarque e desembarque que duraria o dia inteiro. Frei Orlando não encontrou com o capitão Rodarte e no final do dia, depois do terço à noitinha, procurou-o na barraca dos capitães.

Incrivelmente, ninguém no Regimento tocara no assunto, embora tivesse conversado com muita gente até o anoitecer... nem mesmo o cabo Jarbas!

Pela hora do rancho, estivera com uma das freiras do Asilo e o sargento luso-americano; eles tinham voltado do setor de Evacuação do V Exército em Pisa. Estavam muito alegres e felizes por dizer ao frade que havia sido estabelecido um sistema de manutenção do Asilo pelo Exército Americano que continuaria mesmo depois da partida dos brasileiros.

Foi a última vez que frei Orlando esteve com os dois.

Rafael Rodarte viu o frade chegando e saiu da barraca, perguntando, como se nada tivesse acontecido:

— Então, Frei... pronto para o combate?

O franciscano estava visivelmente sem jeito, mas foi em frente.

— Capitão — olhou-o firme nos olhos. — Cometi um erro com o senhor...

Rodarte não o deixou continuar, afastando-se com ele da barraca.

— Tenente — foi a primeira vez e a última que chamou o amigo assim. — Você é padre e eu sou militar... Aliás, você é as duas coisas ao mesmo tempo, mas se tivesse maior vivência no Exército desconfiaria que não é possível fazer o que fez e o Regimento não saber...

Rodarte foi saindo, dando por encerrada a conversa, pois visivelmente não queria falar no assunto.

Frei Orlando, que sabia que Rodarte em breve seria promovido a capitão, despediu-se com uma respeitosa continência, dizendo:

— Meu Capitão... ainda vou vê-lo general!

Proféticas palavras, mas quando tal aconteceu ele não estava mais aqui.

✢ ✢

Naquela mesma noite, encoberto por uma lona e sob a luz de um lampião — por causa do blecaute — ele escreveu para a revista O *Santuário de Santo Antônio*, de Divinópolis, com a qual episodicamente colaborava, o seguinte artigo:

> [...] Benditas são essas pequenas cidades do nosso país onde se encontram ainda a fé em Deus e interesses para com as exigências da alma. Fora do Brasil rugem os canhões como feras encolerizadas. Atiram-se os homens uns contra os outros, numa fúria jamais vista. Só pensam em duas coisas: matar os semelhantes, destruir aquilo que foi feito com dedicação e esforço. E enquanto perdura a luta cobrem-se de luto os lares de lado a lado. E a multidão lava-se com lágrimas. Lágrimas de dor, de humilhação e também de ódio. A voz do Evangelho, que nos ensina a praticar a justiça e a caridade, o perdão e o amor, é sufocada pela voz enganadora dos prazeres fáceis: apenas o sacerdote relembra a todos quão estúpida é a vida moderna.
>
> [...] Onde vamos parar com tudo isso?
>
> [...] Convençamos os nossos soldados de que o Brasil precisa ser saneado, não somente da malária, senão também daquelas terríveis epidemias que são o abandono de Deus, a falta de boa moral e a incompreensão dos deveres do homem.
>
> E não será a primeira vez na história que um exército salva uma nação!
>
> Frei Orlando

3_ Enfim, a marcha de aproximação

A Proclamação da República e o Dia da Bandeira foram comemorados como de costume, mas a tropa estava tensa, preocupada. Chegavam cada vez mais notícias trazidas pelos feridos — que aumentavam de número — do 6º RI de que a situação estava cada vez mais difícil e o pessoal esgotado, precisando de substituição.

Na FEB existia, como de resto em toda unidade do Exército, uma espécie de central de boatos conhecida como "Boletim dos Soldados" e, por incrível que pareça, o que veicula quase sempre tem um fundo de verdade.

E eram variados esses boatos, alguns pertinentes, como o de que partiriam a qualquer momento e o 1º RI já estava se deslocando; outros preocupantes, como os relativos ao "pé de trincheira", que era o congelamento dos membros inferiores e a gangrena decorrente da permanência prolongada no *fox holes* — denominação americana para o abrigo individual que o expedicionário cavava no solo coberto de neve; e o mais inquietante para os soldados em geral: que os alemães da famosa 232ª Divisão de Infantaria Alemã — que estava pela frente — matavam sumariamente os feridos e prisioneiros negros que capturavam, muito embora os soldados do 6º RI desmentissem e as tropas mineira e carioca logo constatariam não ser verdade.

Na manhã cinzenta do dia 20 de novembro de 1944 a ordem chegou:

— Levantar acampamento!

Estava tudo pronto e em menos de uma hora, todos embarcados, veio o comando:

— Ligar motores! Vamos em frente!

Frei Orlando, após mil e uma recomendações aos poucos do Regimento que ficariam na retaguarda — algum pessoal de saúde, intendência, garagem, oficinas, depósitos e outros — pedindo que dessem continuidade à Sopa, despediu-se emocionado dos "seus" pobres, que procuravam acompanhar, correndo, o jipe dirigido pelo cabo Jarbas no qual iam os capelães.

— *Presto finita la guerra... presto finita la guerra!* — gritava para os italianos às lágrimas e acenando.

✢✢

Mas estava havendo, desde 30 de outubro, uma modificação nos rumos da campanha da Itália, e a partir daqueles dias pela primeira vez a FEB combateria com todo o seu efetivo de uma Divisão — os três regimentos, o 6º, o 1º e o 11º —, constituindo uma força unificada e sob o comando direto do general Mascarenhas de Morais. Até então, o Regimento de Caçapava, que constituíra o 1º Escalão de Embarque e chegara a Nápoles em 16 de julho, desde 15 de setembro já estava posicionado diante do inimigo. Em seguida desenvolvera agressivas e vitoriosas ações que levaram o chamado Destacamento FEB até a incursionar pelo vale do rio Sercchio, onde, juntamente com o restante do V Exército Americano, encontrou sérias resistências.

Entre 4 e 9 de novembro o 6º RI e forças de apoio diversas do Destacamento FEB trocaram a frente de combate de Castelnuovo di Garfagna pelo setor situado entre os rios Reno e Panaro, por onde corria a rota 64 e que ficava nas encostas de um arco de elevações. Essas montanhas fechavam as portas de acesso à riquíssima planície do rio Pó e o caminho para o passo Brenner, na fronteira com a Áustria. Tudo isso fazia parte de um enorme jogo de guerra que visava principalmente à tomada da região e da cidade de Bolonha, onde os alemães vinham resistindo havia três meses a ataques ingleses e americanos, infligindo a eles pesadas perdas.

Este era o quadro da frente italiana quando a FEB começou a atuar completamente unificada.

No final da tarde do dia 20, o Regimento já estava acantonado numa nova área, bem mais próxima do inimigo e tendo entre ele e os nazistas o 6º RI. Na mesma área — terras do castelo de um tal conde Júlio, um nobre fascista que tinha fugido diante da fúria dos *partisans* — o pessoal do 1º RI, que tinha chegado nos dias anteriores, ultimava os preparativos com o fim de deslocar-se para a linha de frente.

Essa situação perdurou por poucos dias, enquanto os dois regimentos que chegavam preparavam a perigosa operação de substituição do 6º RI sob a observação direta dos alemães que ocupavam as alturas. Na verdade, as necessidades da guerra não permitiam que houvesse de fato uma troca completa de posições entre os paulistas e os cariocas e mineiros, pois não havia como trocar e sim reforçar. Já não se faziam deslocamentos sem estar envolvidos em densas cortinas de fumaça usadas para ocultar manobras e movimentos. A artilharia rotineiramente abria fogo de forma certeira, ceifando as vidas dos pracinhas quando se aproximavam para render a outra tropa. De tal forma a observação do inimigo era eficiente que os próprios horários das refeições (na impossibilidade de acender fogos a comida era trazida da retaguarda quente, o que era uma norma dos americanos) tinha que ser mudado sempre, pois o bombardeio inimigo acontecia cronologicamente naqueles momentos, dia e noite.

E em curtíssimo tempo a substituição do 6º RI ia sendo feita, primeiro pelo 1º RI e em seguida pelo "11".

Mas todo exército do mundo sabe que o momento em que uma tropa veterana está sendo substituída, particularmente por novatos, é a ocasião ideal para bombardeios, agressivas ações de patrulhas, contra-ataques e ações psicológicas.

E isso tinha acontecido com o Regimento Sampaio e com maior intensidade vinha acontecendo com a unidade de São João del-Rei.

A Companhia de Comando do Regimento, subunidade da qual fazia parte frei Orlando, os demais capelães e outros componentes empenhados em diversas funções que não eram diretamente de combatentes, funcionava diretamente ligada ao Comando do Regimento. Era comandada pelo capitão Rafael Rodarte e foi uma das últimas a deslocar-se para a linha de frente propriamente dita. Isso se deu na madrugada de 2 para 3 de dezembro de 1944.

O clima reinante entre aqueles que tinham ficado para trás enquanto os companheiros avançavam era de muita ansiedade e vontade de estar junto aos demais. Contudo, o trabalho a ser desenvolvido e a natureza das funções eram exatamente aqueles: uma espécie de retaguarda avançada! Ali estavam o hospital de campanha avançado, a central de comunicações, víveres, munição, viaturas e peças sobressalentes, mecânicos, enfermeiros, capelães e... pelotão de sepultamento.

A primeira parte do deslocamento foi feita em viaturas que mantinham uma rígida disciplina de luzes — somente os "olhos de gato" serviam de noção para os motoristas durante a sinuosa subida na estrada escorregadia e cheia de neve. Os acidentes sucediam-se, e frei Orlando lembrava-se da conversa com um capelão protestante americano que criticara a maneira "perigosa" como os brasileiros dirigiam. Este era um comentário sempre presente quando se falava dos brasileiros, além do fato de combaterem com extrema ferocidade — segundo diziam os prisioneiros alemães.

Fazia cada vez mais frio e logo passaram a caminhar, aproximando-se do sopé das montanhas da famosa Linha Gótica — composta de fortificações erguidas pelos alemães para conter o avanço aliado e que se mostrava inexpugnável até aqueles dias.

Logo a artilharia intensificaria seus fogos.

4_ Os primeiros embates

Naquela noite de 2 para 3 de dezembro de 1944 a Companhia de frei Orlando alcançara as elevações da localidade de Sila.

O ronco ensurdecedor da pesada artilharia alemã não dava descanso, porém não atirava na Companhia de Comando do Regimento perto dela, outro era o seu alvo!

Frei Orlando empenhou-se ativamente em ajudar a instalar o posto de comando da subunidade numa velha casa ao pé da colina, que, segundo o capitão Rodarte, por não estar destacada no terreno não oferecia motivo de observação à artilharia inimiga. A neve que caía cada vez com maior intensidade já oferecia uma espécie de camuflagem natural e logo estavam relativamente acomodados, aproveitando também o oferecimento que diversos moradores que tinham preferido não fugir fizeram ao *capelane*.

O restante da tropa ajeitou-se em algumas outras casas e em alguns celeiros, mas a maioria montou suas barracas.

Naquela mesma madrugada, sem conseguir dormir, Rodarte conversava com os capelães, procurando não falar do estrondo da artilharia nazista lá no alto da montanha.

— Sabem em quem estão atirando? — indagou, falando no assunto que todos evitavam.

— Nos americanos... — disse padre Elói.

— Em nossa gente... no pessoal do 6º? — indagou frei Orlando.

Todos olharam interrogativamente para o comandante, que sabiam fazer parte do Estado-maior do Regimento e ser bem informado. Rodarte então confiou a eles, pedindo sigilo, que desde 29 de novembro o III Batalhão do 11º RI estava empenhado num ataque conjunto ao monte Castelo, que segundo as notícias tinha resultado em fracasso total. Poucas horas depois, pela manhã, por ali passava o Batalhão, trazendo seus mortos e feridos. E isso acontecera em toda a frente da FEB, principalmente com o I Batalhão do 1º RI.

Monte Castelo cobrava caro a quem ousava querer conquistá-lo, e os americanos e ingleses já vinham tentando havia um ano.

Frei Orlando e os demais capelães envolveram-se imediatamente no trabalho, prestando assistência religiosa e também ajudando a socorrer, conversando e procurando dar todo tipo de ajuda psicológica possível. Era o batismo de fogo do III Batalhão, e o efeito da crueza e da violência do combate foi devastador: sangue, neve, lama e muita frustração. Não eram segredo para ninguém o poderio e a determinação dos defensores daquela região, cujo centro de importância era monte Castelo. A decisão americano-brasileira de atacar de surpresa, sem o devido apoio aéreo e com um efetivo incompatível, foi desastrosa e repetiu-se em várias tentativas malogradas.

O fato era que o III Batalhão do 6º RI, enquadrado num comando geral americano, já tinha realizado três ataques, em 24, 25 e 26 de novembro, ao mesmo objetivo sem sucesso...

O povoado de Sila era uma terra devastada pela passagem sucessiva de alemães, americanos e agora brasileiros por suas ruas estreitas e seu casario de pedra, que parecia ter sido construído na Idade Média. Os alemães estavam em pleno uso de sua tática preferida: o contra-ataque! Imediatamente após os insucessos dos brasileiros e americanos nos ataques ao monte Castelo, eles avançavam com extrema agressividade, volume de fogo e... bravura — preferencialmente à noite — encostas abaixo.

Estreantes no combate e em pleno batismo de fogo, duas Companhias do "11" foram momentaneamente tomadas pelo pânico, exatamente entre 2 e 3 de dezembro — no dia em que a Companhia de Comando do capitão Rodarte chegava ao povoado de Sila. Nevava bastante, e os brasileiros estavam no desenvolvimento de um movimento ofensivo em substituição das tropas mais experientes do 1º RI pelos novatos do "11" numa noite escura. Neste exato momento os alemães desencadearam um ataque centralizado na frente das subunidades — granadas de iluminação, fogo de morteiros e metralhadoras logo seguidos de ataques de infantaria em quatro ondas. Primeiro uma Companhia recuou desorganizada e na passagem morro abaixo levou a outra de roldão.

Felizmente, os próprios alemães não aproveitaram o êxito conseguido, talvez por não ser um grande ataque, mas apenas a ação de uma patrulha de combate de efetivo de cerca de uma Companhia, mas a fenda aberta no dispositivo dos brasileiros numa grande ação de ataque preocupou até o Alto Comando da

FEB, que se juntou ao Comando do Regimento no afã de remediar a situação. Entre eles podia-se ver o tenente-coronel Humberto de Alencar Castelo Branco, do Estado-Maior, que se encontrava junto às tropas na frente, aos berros, incitando os homens a que voltassem às suas posições. Felizmente não houve maiores consequências, pois a brecha foi fechada por elementos do próprio Batalhão e do veterano 6º RI, que repeliram os alemães.

Já as Companhias envolvidas, refeitas, continuaram combatendo e participaram de todas as demais ações do 11º RI, inclusive do ataque de 12 de dezembro levado a efeito com o 1º RI e que também malogrou totalmente. Mas estiveram presentes e atuantes na tomada de monte Castelo, Montese e outras vitórias.

O inverno europeu tinha chegado com seus mais de 20 graus negativos, estabilizando as ações em toda a frente, que ficaram limitadas às violentas e constantes ações de patrulhas.

No povoado de Sila, a situação tinha se agravado bastante, pois a artilharia alemã, que antes tinha outros objetivos mais prementes e atirava por cima da aldeia, agora já atingia toda a área com tiros de inquietação, que espocavam alternados por toda a região. Era difícil dormir, fazer as refeições e realizar as tarefas com despreocupação, e reparar estradas era uma delas, pois todos estavam sempre atentos ao silvo característico do projétil de artilharia e procuravam calcular onde ele iria atingir. Nesse meio-tempo todos corriam...

A outrora tranquila cidadezinha mostrava claros sinais da passagem da guerra, como a destruição da igreja, cuja torre fora o primeiro alvo, sendo o padre, também, o primeiro a ir embora. Foram os habitantes mais antigos, velhos e velhinhas encurvados, que caminhavam olhando para o chão, que persistiram em ficar e falar de dias melhores que estavam por vir. Alguns contavam dos parentes que estavam no Brasil havia mais de dez anos, e eram poucos os que sabiam o que significava fascismo ou nazismo e por que se lutava e morria.

Frei Orlando pedia e insistia com seu comandante de Companhia para deslocar-se ao alto das montanhas, onde a guerra de patrulhas era intensa. Queria dar assistência religiosa, levar os sacramentos — confissão, comunhão — e estar junto dos feridos e dos que morriam.

Com veemência manifestava seu inconformismo por permanecer no "comodismo" da retaguarda enquanto se combatia e se morria poucos quilômetros acima. E tanto insistiu que ainda bem antes do Natal foi autorizado a seguir para a linha de frente.

5_ O último inverno

O inverno nos Apeninos, já usualmente gelado e com as alturas cobertas de neve mesmo no verão, era naquele final de 1944 extremamente rigoroso. Até mesmo a população local reclamava e sofria, principalmente porque a guerra vinha empobrecendo a todos, acabando com as lavouras, limitando os movimentos, destruindo pontes e estradas, levando o saque às cidades, aos povoados e às pequenas propriedades. Não havia "governo italiano" numa nação transformada em campo de batalha de mais de uma dezena de exércitos. O povo tinha fome, medo, frio... muito frio, pois roupas, agasalhos e alimentos tinham sido tragados na voragem da guerra.

Para os brasileiros, vindos de um longo treinamento no intenso verão do Rio de Janeiro e dos galpões escaldantes do morro do Capistrano, a adaptação não estava sendo fácil. Tudo era diferente e atrapalhava: os uniformes de inverno fornecidos pelos americanos, as galochas desconfortáveis, a alimentação americana, para não falar do óbvio: os alemães que se moviam pela neve como se estivessem em casa.

Mas o devastador inimigo estava sendo o inverno, que frei Orlando já conhecia, e nele o terrível "pé de trincheira", que foi como os pracinhas apelidaram o congelamento dos pés dentro das botas, que resultava em gangrena. Foi grande o número de vítimas recolhidas aos hospitais de Livorni e Pistoia, e dezenas delas jamais voltaram. Em pouco tempo, entretanto, os brasileiros improvisaram um revestimento para os pés constituído de uma espécie de feno, capim retirado dos estábulos da redondeza, que bem seco aquecia os pés e prevenia o "pé de trincheira" quando colocado dentro dos galochões, envolvendo desde os pés até quase o joelho. Isso na medida em que a situação de combate permitia, pois para os homens posicionados de frente para a "terra de ninguém", que tinham necessidade de ficar praticamente enterrados em seus abrigos individuais extremamente frios e onde a água gelada da neve derretida se acumulava, o improviso era impraticável.

Frei Orlando percorria os postos de comando, barracas de enfermarias e outras instalações montadas de quinhentos a mil metros das posições defensivas brasileiras, com cercas de arame farpado e outros obstáculos que demarcavam o início da "terra de ninguém" — área de terreno ilimitada entre as tropas em confronto. Ali, ora reinava o mais completo silêncio, ora repentinamente o inferno se instalava! Eram explosões, ataques rápidos e fulminantes e outras ações de patrulhas de ambos os lados.

Na medida do possível, ia realizando o seu trabalho, sempre levando consigo um bornal onde estavam o seu hábito de franciscano e o seu altar "portátil". Quando tinha oportunidade celebrava missa, até para dois ou três soldados se fosse o caso; escrevia cartas, conversava muito com os seus antigos paroquianos de São João del-Rei, principalmente nas noites solitárias de espera do inimigo que não vinha quando se esperava, apertado nos pequenos abrigos e espaldões de metralhadoras. Acalmava e sorria, otimista, junto aos soldados que iam sair em patrulha. E quando já se aproximava o amanhecer o frei era dos que ficavam olhando ansiosos para a terra de ninguém até que a última patrulha que estava fora regressasse.

Tal, porém, não aconteceu com a patrulha comandada pelo seu amigo, o sargento Max Wolff, em Montese, que deixou com o correspondente Joel Silveira, que iria enviar uma mala direta para o Brasil, uma mensagem rabiscada às pressas para a sua filha de 10 anos, dizendo que "papai está bem."

E não voltou... Mas na ocasião frei Orlando não estava mais presente.

✢✢

No quase alvorecer daquela madrugada cinzenta nos Apeninos, escreveu em carta para as irmãs, entre outras coisas:

> [...] Eu, por mim, estou no mundo das nuvens, pois pouco tempo me interessa ficar aqui ou ali, mas onde eu possa trabalhar para salvar almas, aí me é muito bom. Também pouco me importa viver uns anos mais ou menos. O que eu desejava para os meus irmãos, parece-me que dificilmente o poderei conseguir: que eles fossem católicos de verdade, pois vejo no mundo uma grande ilusão para quem vive só para ele, ao passo que considero ser o homem destinado a um fim superior; que não se alcança como vivem os manos.
>
> A amizade de vocês é um laço que deve durar sempre. O laço da amizade sincera como a eternidade. Ademais, se o mundo todo oferece vidas para melhorar a humanidade, por que não posso eu oferecer a minha? E finalmente posso ter vindo e voltar sem novidade, sendo isto o que espero acontecer.
>
> Vocês podem achar-me um tipo doido, perfeitamente, eu o sou. Mas deixem-me viver com as minhas doidices [...].

Naquela quinzena que precedia o Natal de 1944 estava-se realmente vivenciando uma espécie de trégua não declarada entre os aliados e os alemães. Tudo por causa do inverno, que não permitia quaisquer operações de maior envergadura em montanhas. Ações da artilharia, tanto a alemã como a americana, a inglesa e a brasileira, persistiam, porém eram pontuais e de inquietação. A atividade aérea — a alemã já era quase inexistente havia tempos — desaparecera devido ao mau tempo. Restavam as ações de patrulhas, onde muitos perderam as vidas e caíram prisioneiros em ambos os lados.

Era tempo de relativa folga, descanso e dispensa rotativa das tropas.

Logo no início desse período em que as licenças iam sendo concedidas aos pracinhas, o pequeno grupo de amigos da barraca dos tenentes no Capistrano obteve uma autorização para ir a Pisa. Havia bastante tempo, desde os ataques a monte Castelo, entre 29 de novembro e 12 de dezembro, e aqueles dias próximos ao Natal, que não se viam todos. Estavam no povoado de Sila e tinham conseguido um jipe e dois dias de licença. Alegres, jovens, solteiros e com pouco mais de vinte anos, resolveram então pregar uma peça no frei. E assim procederam, obtendo também a licença para o capelão, sem que ele soubesse, e sob o olhar desconfiado do capitão Rodarte ao assinar a guia de licença.

Em seguida, convidaram o frade para acompanhá-los numa visita à cidade.

Ele "topou", e saiu cada qual para onde estavam alojados, a fim de vestir o "uniforme mais limpo" e voltar em seguida para partir ainda pela manhã.

Os amigos de frei Orlando não se continham, antevendo a surpresa e as reclamações do frade quando chegassem a Pisa e visse que o tinham levado para uma verdadeira farra, já combinada com alguns oficiais americanos que programavam a presença de "algumas italianas".

Pouco tempo depois o jipe com os jovens tenentes parou em frente à velha casa onde a Capelania estava instalada. Estavam barbeados e com os uniformes mais limpos que puderam arranjar. Depois de repetidas buzinadas, eis que surge o frei...

Mas, para espanto geral, vinha vestido com o hábito marrom de franciscano por cima do uniforme de combate do Exército Brasileiro!

— Que é isso, Frei? — exclamou um deles. — Aonde nós vamos você não pode ir assim!

O franciscano olhou para eles demoradamente e com sua voz mansa de mineiro do interior disse com simplicidade:

— Uai... onde não pode entrar esse uniforme — agarrou com energia o hábito marrom — também não pode entrar o uniforme do Exército Brasileiro!

E mostrou a farda sob o hábito.

Depois do espanto geral que se estabeleceu entre os jovens oficiais, caíram em si, diante da reação do amigo, e por um longo momento se entreolharam e ficaram sem saber o que dizer. Frei Orlando voltou-se e entrou na casa que abrigava a Capelania. O que estava ao volante arrancou lentamente — o jipe parecia tão indeciso como seus ocupantes.

— Ele se aborreceu — disse um deles.

— Foi só uma brincadeira... aliás, nem chegou a acontecer...

— Ele nem sabia o que a gente estava preparando...

E, sem que alguém tivesse dito alguma coisa, pararam no Posto de Comando da Companhia de Comando: iam ao capitão Rodarte, o que sempre faziam quando estavam com um problema sério. Ao entrar na rústica casa do povoado, o comandante da Companhia ergueu-se da cadeira onde estava sentado atrás de uma pequena mesa e foi logo falando, enquanto os cinco se espalhavam pela sala:

— Já sei... arranjaram mais uma encrenca — chegou mais perto deles. — E desta vez foi com o Frei...

Eles começaram a falar quase todos ao mesmo tempo. Por fim, fizeram silêncio e ficaram na expectativa do que o capitão Rodarte ia dizer.

Não demoraram muito lá dentro, cerca de meia hora, se tanto. Saíram e, deixando o jipe onde tinham parado, foram andando lentamente em direção à outra rua do vilarejo italiano onde estava a Capelania. Um deles trazia uma espécie de botija, comum nas aldeias para guardar vinho nas adegas.

Conversavam, preocupados:

— Será que vai dar certo? Acho que ele ficou muito aborrecido com a gente.

— Aborrecido nada! Ele ficou foi magoado...

— O capitão não erra, ele o conhece muito bem... vai dar certo.

Chegaram e foram logo entrando. Frei Orlando estava só, já tinha tirado o hábito e arrumava o inseparável bornal onde carregava para todo lado, além das vestes franciscanas, crucifixo, cálice, patena, âmbula, galhetas, pala, sanguinho, corporal, estola, manustérgio, casula, teca e a Bíblia. Seu cachimbo fumegava e estava tranquilo, absorto no que fazia quando se voltou e encarou os amigos.

Fez-se silêncio por alguns instantes enquanto os cinco iam chegando perto, em torno do frade.

— A gente não tem nem o que dizer, Frei... — disse um deles abrindo os braços.

— Desculpe, perdoe os seus amigos... nós passamos dos limites...

O capelão tirou o cachimbo da boca — tinha um nó na garganta. Num relance lembrou-se das suas travessuras no Seminário, importunando os frades, furtando frutas no quintal do vizinho e de como sempre o perdoavam.

Não deixou que continuassem e, dando um passo, abriu os braços e abraçaram-se todos com força. Não falaram, mas os olhos estavam cheios das lágrimas daqueles soldados que dias atrás enfrentavam as tropas da SS até no corpo a corpo — e também os olhos do frei.

Logo a botija de vinho veio para a pequena mesa e frei Orlando foi buscar num canto, atrás de alguns livros, o seu velho caneco dos tempos da Holanda.

Falaram alto, cantaram e beberam por algumas horas.

O passeio a Pisa não se realizou.

Nunca mais o pequeno grupo se reuniria assim... com todos.

O Natal de 1944 passou sem maiores modificações na situação geral da guerra, embora fosse extremamente mais difícil consolar e falar de dias melhores para os feridos. Na ocasião os brasileiros, que tanto criticavam os americanos, puderam observar o trabalho despendido pelo pessoal de seu apoio logístico, que não poupou esforços para fazer chegar até os pracinhas na gelada linha de frente o tradicional Peru de Natal, bem quente.

Já em janeiro de 1945 o capitão Rodarte novamente surpreendeu frei Orlando — tirando-o de uma ambulância onde ouvia a confissão de um soldado alemão ferido que aguardava a transferência para o hospital — com o convite para no dia seguinte seguirem de carona num comboio que ia para Roma... tinha no bolso duas licenças de alguns dias!

— Desde a viagem para a Itália você me dizia que queria ver o Papa... aí está, vamos!

✢✢

Roma não tinha sofrido tanto com os bombardeios, pois fora declarada cidade aberta; contudo, sede do governo italiano, fora o palco preferido das encenações trágicas de Mussolini, de sua ascensão e sua queda. Vivera a luta entre os camisas-negras fascistas e os *partisans*, a ocupação alemã com uma Gestapo cruel e atuante, bem como vira a chegada dos americanos.

Na capital italiana, frei Orlando e Rodarte encontraram brasileiros de outras unidades da FEB que, como eles, tinham escolhido Roma em lugar de Florença, que era a outra opção para licenças. Mais uma vez puderam experimentar a extrema capacidade dos americanos de organizar o lazer de suas tropas e dos aliados. E eram 11 milhões de homens e mulheres em armas dos Estados Unidos em todo o mundo! Os dois brasileiros foram designados para ficar hospedados, juntamente com outros oficiais americanos, neozelandeses, sul-africanos e ingleses, no luxuoso Hotel Excelsior, onde os *shows* com artistas americanos se sucediam e se jantava à luz de velas e ao som de orquestras com música para dançar.

O que restava da aristocrática sociedade italiana mostrava suas belas mulheres rodopiando pelo salão com oficiais aliados.

Mas frei Orlando só falava em ir ao Vaticano e ver o papa. Assim, junto com outros oficiais e praças aliados, constituíram um grupo de católicos que teve agendada, também pelo Serviço Social Americano, uma visita para serem recebidos por Pio XII.

O que sentiu o humilde franciscano de Morada Nova diante do Sumo Pontífice só pode ser expresso reproduzindo o que ele escreveu em carta para os parentes no Brasil:

> [...] Pio XII falou-nos em português perfeito e elegante. Eu pretendia fazer-lhe algumas perguntas, mas senti-me tão diminuído perante a grandeza do Santo Padre que mal consegui gaguejar algumas palavras, e foi só o que pude fazer.

Ainda em Roma, por uma especial deferência do papa, celebrou missa na Catedral de São Pedro, tendo como acólito o capitão Rodarte.

Quando saíram da Basílica, o frade encarou o seu comandante de Companhia e amigo — segundo carta do general Rodarte existente no Arquivo Frei Orlando — e disse:

— Meu caro Rodarte, penso que não voltarei ao Brasil, e se tal acontecer quero pedir-lhe para ser enterrado com o hábito franciscano e com capuz na cabeça. Desejo ainda que meu altar portátil, a coleção de vidas dos papas, o meu cachimbo e a minha gaita sejam entregues aos franciscanos de São João del-Rei.

Eram os seus últimos desejos e o legado de todas as suas posses.

✢✢

No início do ano de 1945 frei Orlando foi promovido a capitão, e foi com um enorme sorriso de alegria que deixou seus amigos colocarem a terceira estrela em seus ombros. Olhou-se no espelho com satisfação — a mesma que sentia quando vestia algum hábito novo ou que ele mesmo tinha engomado. Estava sempre que possível barbeado e elegante, e muitos que o viam pela primeira vez o consideravam vaidoso. Todavia, bastava vê-lo rastejar pela neve até um *fox hole*, onde se encontrava um pracinha sozinho, com seu fuzil, metido no gelado buraco, para conversar ou levar a confissão e a comunhão que mudava imediatamente de ideia.

Mas a gozação e a brincadeira dos amigos continuaram por algum tempo — não muito, pois não teve tanto assim —, com todos o chamando de Capitão em vez de Frei, o que ele detestava:

— Capitão não! Ouviu, tenente... Frei!

E todos desandavam a rir... até ele.

E lá em cima, no sopé do monte Castelo, aquele momento da batalha continuava o mesmo naquele inverno de 25 graus abaixo de zero. Frei Orlando ia e vinha até Sila, permanecendo, entretanto, o maior tempo lá na frente junto aos homens que sofriam e morriam naquela guerra de posições. Por diversas vezes avançava junto com os padioleiros até a "terra de ninguém" em incursões para resgatar feridos, que frequentemente encontrava moribundos e aos quais ministrava a extrema-unção. E nem sempre os alemães respeitavam a cruz vermelha nos capacetes e braçadeiras — o exército o fazia, mas as tropas da SS, raramente. Rezava então frei Orlando para que na busca de feridos e mortos caídos no campo de luta, sempre a poucos metros das casamatas alemãs, deparassem com os veteranos soldados da Wehrmacht — o Exército Alemão — e não com os fanáticos milicianos nazistas da Schutzstaffel (SS).

Muito embora houvesse ordens, não escritas, mas taxativas, para que os padioleiros em incursão para resgatar feridos não levassem o frei, ele impunha sua presença e não havia oficial, sargento ou soldado que ousasse impedi-lo. Além do mais, pelo fato já corriqueiro de sempre os feridos — ou mortos — estarem "nas barbas dos tedescos", que era como os pracinhas denominavam as proximidades das posições inimigas, era ele quem gritava várias vezes, em alemão, para as temíveis silhuetas camufladas de branco, bem perto:

— Camaradas! Viemos só pegar nossos feridos e mortos!

E sempre os traziam sem ser alvejados.

Tanto permanecia na linha de frente que frei Orlando, a exemplo do que fizera aos 6 anos de idade, quando apareceu e foi ficando nas aulas de catecismo do padre Guilherme até que acabou fazendo parte da turma, praticamente se incorporou ao Posto de Saúde Avançado, entre médicos, enfermeiros e padioleiros. Não havia lugar para ele, ponderava o médico-chefe junto ao Comando, mas o frei ficava por ali, dormindo em qualquer canto e sempre pronto para curvar-se junto aos feridos que chegavam e ajudar. E sem desgrudar o olho das equipes para ir junto com elas nas incursões para resgatar feridos.

Ocupava-se também, sob os olhares espantados dos "Sacos B" — como eram chamados os pracinhas que vinham da retaguarda recém-chegados do Brasil para recompletar o efetivo —, em atender os feridos alemães.

A visão global do que estava acontecendo e envolvia a todos naquela tragédia na Itália em 1945 era algo que o religioso tinha sempre presente. Via com clareza impressionante o ser humano — de qualquer nacionalidade — como a principal vítima da guerra e procurava ajudar, socorrer com todos os meios de que dispunha. A facilidade que tinha de comunicar-se, prestar e obter ajuda e favores dos capelães protestantes brasileiros, americanos e até alemães capturados era impressionante e não passava despercebida ao Comando, que diversas vezes se valeu disso. Mas era junto à população italiana que o *capelane* era idolatrado...

Numa de suas idas ao povoado de Sila, alojou-se como sempre no enorme casarão de pedra — já parcialmente danificado pela artilharia inimiga — onde estava instalado o Posto de Comando de sua Companhia. Lá quase sempre encontrava o velho amigo dos tempos de São João del-Rei, o capitão Rodarte, e não ocupava mais espaço nas diminutas acomodações da pequena casa quase sem paredes e teto onde funcionava a Capelania, que alojava os outros dois capelães.

Na ocasião, em 3 de dezembro de 1944, em que ocuparam o casarão por designação do Comando do Regimento, frei Orlando logo de início indagara sobre o que seria feito dos moradores. Era uma família de camponeses típica daquela região montanhosa da Itália, que em tempos de paz dedicava-se à cultura da uva e à produção de vinho, além de cultivar algumas plantações de trigo e outros cereais e possuir — como possuíam quase todos os aldeões — algumas vacas leiteiras, carroças e um pequeno caminhão. Gente simples, que de fascismo e Mussolini mal ouvira falar e só conhecera os alemães quando estes invadiram a região, confiscando bens, requisitando a produção até nos silos e levando os homens aprisionados para trabalho escravo na construção das fortificações da Linha Gótica.

O casarão foi dividido e a família de camponeses passou a ocupar a metade. No início o medo foi geral; a maioria era de mulheres e crianças: dois homens e duas mulheres idosos, oito crianças e uma mulher jovem, grávida. Mas, com o passar do tempo e a ajuda do frei — quando da chegada dos brasileiros só tinham meio saco de batatas e alguns coelhos remanescentes de uma criação —, o problema da alimentação ficou resolvido. Cedo também a população de todo o lugarejo perdeu o pavor inicial das tropas ocupantes e estabeleceu uma relação amistosa com o pessoal do "11".

Mas logo naquele dia de janeiro, quando frei Orlando chegava pela manhã, Rodarte tinha acabado de receber ordens do Comando do Regimento para ocupar toda a casa, desalojando a família para melhor acomodar parte dos soldados por causa do frio, pois estavam em barracas. Os donos das casas seriam encaminhados em caminhões a uma espécie de morada coletiva — que era o procedimento usual com populações inimigas, tanto pelos americanos como pelos alemães, quando era necessário ocupar as instalações prediais.

O inverno realmente era extremamente rigoroso, segundo reconheciam até mesmo os italianos, e a retirada seria naquela noite. Frei Orlando nem trocou o uniforme enlameado e molhado pela neve com que viera da linha de frente. Ajeitou o capacete na cabeça e fitou, sério, o comandante da Companhia:

— Tenho sua permissão para ponderar essa ordem ao Comando?

— A ordem foi dada a mim e a todo o Regimento, Frei...

— Eu sou parte do Regimento — retrucou ele, cada vez mais tenso. — O senhor sabe que essa ordem é absurda!

Frei Orlando bateu continência e saiu pisando firme em direção ao Comando do Regimento. Rodarte olhou-o por alguns instantes e gritou:

— Espere, Frei... Eu vou junto!

Depois de uma hora os dois voltaram, calados; tinham sido ouvidos, mas a ordem continuava em vigor. Os argumentos em contrário eram fortes, pois de tratava de proteger os soldados do frio, já que as barracas onde se encontrava a maioria não ofereciam a proteção ideal. No íntimo de cada um se confrontavam o chefe militar, que tem como segunda maior preocupação o bem-estar dos subordinados (a primeira é cumprir a missão), e o ser humano, como os dois oficiais, que ao chegar de volta à casa que dividiam com os moradores e donos presenciavam a aflitiva situação de criancinhas agachadas junto à lareira, tendo como agasalhos jaquetas e capotes do Exército e olhando para eles cheias de esperança.

Frei Orlando era totalmente a favor da revogação da ordem e fora ouvido em silêncio pelos chefes, sabedores de que ele não distinguia soldados e população, pois considerava a todos indistintamente como seres humanos — tanto aqueles aos quais se referia dizendo carinhosamente: o pracinha fulano ou o soldadinho sicrano, como os civis italianos, que estava sempre procurando ajudar.

Mas trouxeram uma boa notícia, ficariam mais aquela noite!

E a noite passou em meio às preocupações de todos, e a alegria daquelas crianças inocentes correndo pela casa — ignorando a divisão interna entre o Posto de Comando e a sua residência — desanuviou o ambiente. Todos sorriam e brincavam com os pequenos italianos durante a sopa quente servida pelo cabo Jarbas.

Vieram a noite seguinte, a outra e mais outra...

Nunca mais se falou no Regimento em evacuar civis de suas casas, e a acomodação da tropa teve outra solução, com o sempre presente apoio americano.

Mas, decorrida bem uma semana depois de tais acontecimentos, outro fato ocorreu naquele velho e movimentado casarão, causando corre-corre entre aqueles já veteranos soldados.

Naquela noite a artilharia alemã parecia resolvida a dar sinal de vida e, embora distante, lá pelas alturas do monte Castelo, ela rugia com uma cronológica cadência, enquanto frei Orlando e o capitão Rodarte tentavam dormir numa parte da casa que antes era um quarto e na ocasião funcionava como central de comunicações da Companhia.

— Será que os alemães não se cansam de gastar munição?

— Devem estar atirando lá para o lado da 10ª de Montanha...

De repente, ouviu-se em som diferente vindo do outro lado da casa... parecia... um choro de criança recém-nascida! Todos correram para lá e constataram: sem auxílio de médico a até mesmo de parteira, nascera o pequeno italianinho! O operador de rádio precipitou-se para fora em busca de um médico ou enfermeiro, enquanto o frade e o comandante da Companhia — ambos solteiros — ficavam realmente muito atrapalhados procurando ajudar as duas mulheres que cuidavam da parturiente.

Em poucos minutos chegaram alguns soldados e um sargento enfermeiro com cara de assustado. Foram logo entrando no quarto onde a criança, a mãe, os parentes, frei Orlando e Rodarte estavam. Acenderam mais dois lampiões, apesar da disciplina de luzes, e o sargento foi quem colocou ordem na casa:

— Todo mundo para fora! Desculpe, capitão... Todo mundo para fora! Aqui só ficamos eu e a vovó...

E assim aconteceu, todos saíram do aposento... e já vinha chegando mais gente.

O capitão Rodarte e frei Orlando estavam radiantes, pareciam os pais do bebê.

— Está aumentando o efetivo da Companhia — repetia ele, esfregando as mãos.

O frade não hesitou em sua alegria e foi ao "esconderijo" — que todos conheciam mas fingiam que não — e de lá, dentro de um cunhete (caixote de munição) em que guardava alguns livros, retirou duas botijas de vinho.

Imediatamente surgiram vários canecos nas mãos daquelas quase duas dezenas de pracinhas que se acotovelavam na casa, e depois de servirem a frei Orlando e Rodarte as botijas sumiram no meio dos soldados que não paravam de chegar. Ainda não tinham bebido o primeiro caneco e brindado algumas vezes quando frei Orlando gritou, acima daquele vozerio de soldados que chegavam e queriam ver o *bambino*:

— Vamos ao batismo! Vamos ao batismo!

Estabeleceu-se o silêncio, frei Orlando ficou sério e foi ao seu conhecido bornal, começando a tirar o necessário para a cerimônia.

— Mas tem que ser agora, Frei? — disse alguém.

— Tem... se a mãe concordar — fez um gesto para fora. — Os alemães estão aí mesmo...

E entraram no quarto onde o sargento enfermeiro, todo orgulhoso, e que já colocara a criança junto à mãe, sorria, alegre.

— Pronto, meu capitão... missão cumprida! — exclamou para Rodarte.

O franciscano abaixou-se junto da mãe e trocaram algumas palavras, ergueu-se em seguida no quarto cheio de gente.

— Abram espaço para o Frei fazer o batizado! — ordenou Rodarte, enquanto o sacerdote se paramentava.

Então começaram a surgir entre os soldados os palpites para o nome: Vírgílio, Miguel, Bruno... "Mussolini", gritou um gozador.

Frei Orlando, já pronto para administrar o sacramento, mais uma vez deu uma olhada para a soldadesca e fez-se silêncio:

— Que tal Orlando Rafael? — disse a mãe do menino falando baixinho.

— Está resolvido — olhou para o capitão Rafael Rodarte. — Terá o meu nome e o do nosso capitão!

Os dois capitães abraçaram-se sob os aplausos dos soldados que lotavam toda a casa. Os italianos ocupantes da casa sorriam surpresos, e a mãe mostrava o filho, ao seu lado, para as outras crianças.

O frade pediu que trouxessem água e sal, quando um cabo perguntou:

— Frei... e os padrinhos?

Ele não pestanejou, respondendo:

— Eu vou batizar e o capitão Rodarte será o padrinho!

Nem mesmo tinha olhado para o amigo que tão bem conhecia.

Fez-se um instante de silêncio.

— E a madrinha será Nossa Senhora!

Foi o último batizado de frei Orlando.

✣ ✣

O mês de janeiro de 1945 ia chegando ao fim e nada mudava no panorama da guerra na frente dos Apeninos. As unidades se revezavam na linha de frente de uma situação de combate que parecia estacionária, mas causava baixas diárias. No povoado de Sila os pracinhas aproveitavam o tempo de folga no revezamento com os que estavam nas posições de combate para escrever cartas — no que frei Orlando era sobrecarregado, pois o número de analfabetos na FEB era grande. Por vezes parecia que o tempo ia melhorar e logo os velhos aviõezinhos de reconhecimento alemães com seu ronco esquisito arriscavam um voo por cima das posições brasileiras.

Logo no início de fevereiro de 1945 ele voltou a escrever para a sua família numa carta endereçada à mãe, dona Emirena:

[...] Com muito custo consegui arranjar um caixote para servir-me de escrivaninha, porque o médico-chefe queria que eu escrevesse no caixote que serve de mesa a outro médico, que, também precisando escrever, não permitiu (aí o tempo fechou).

Agora se discute de quem é a culpa!

O médico-chefe é um grande homem, embora um homem pequeno! O médico auxiliar é um bom amigo, cuja família, pelo menos de nome, devem conhecer, pois é filho do chefe da empresa que está construindo o edifício Sul América, em Juiz de Fora.

Desde que vim para a linha de frente, estou sempre no Posto de Saúde Avançado, a fim de atender aos feridos que chegam do campo de luta. De fato, vivo "zanzando" por toda parte, hoje aqui, amanhã ali, dormindo ora neste, ora naquele lugar, sempre em primeira linha. Até hoje, graças a Deus, nada sofri. Ao contrário, estou bem disposto, alegre e sempre animando a turma.

Vocês não podem imaginar que vida gozada é esta aqui: missa a qualquer hora e em qualquer lugar, desde que decente. Jejum não há, tudo tão diferente!

Após mais de quarenta dias de linha de frente, o meu Batalhão está na reserva. Um frio horroroso, neve de mais de meio metro de altura em determinados lugares. As cascatas das serras todas geladas, cobertas de neve, de forma que ficou uma beleza. Entretanto, temos bons agasalhos. Ainda ontem recebemos as novas camas de montanhas, um saco acolchoado de penas de pato com fecho *éclair*, de sorte que a gente com isso fica parecendo uma múmia. Por dentro é todo forrado de seda. Após a primeira noite de uso o doutor me perguntou: "Como é, Frei, gostou da cama?". Respondi: "Como não? Esquenta tanto que molhei o dedo na boca, bati no peito... chiou como ferro de engomar". Acabo de ler para a turma esta última passagem, mas disse por brincadeira que o exagero era do médico-chefe. Riram-se a valer... Só vendo como temos passado uns dias alegres aqui. Agora, com minha promoção a capitão (com as estrelas nos ombros) sou a patente mais alta do Posto de Saúde. Não se cansaram ainda de me chatear. Estamos eu, doutor Bicudo, médico-chefe, doutor Pantaleone e o doutor Americano Francia, dentista (todos juntos, quase sempre).

É um barulho tremendo aqui dentro, deita-se rindo e levanta-se rindo. Eu não sei onde ficar, pois todo mundo reclama a minha presença. Hoje é a primeira sexta-feira do mês, vou fazer uma adoração ao Santíssimo na igrejinha do lugar, coitada, toda arrebentada pelos bombardeios. Há quanto tempo não há ali adoração...

Estive novamente em Roma, com permissão do comandante, por três dias. Visitei muita coisa admirável. Tornei a visitar o papa. Vi a prisão de São Pedro e as cadeiras dele, as catacumbas de São Sebastião, a Igreja de Santa Inês e fui de novo ao Vaticano. Desta vez vi tudo, gastando para isso duas manhãs. É uma verdadeira maravilha. Tenho agora muita coisa para contar, quando voltarmos. Parece que, tendo em vista os acontecimentos, está bem próximo o dia da paz. Assim, brevemente estarei aí... e a senhora, mamãe, vá tratando de se fortalecer porque, de volta, vamos fazer uns passeiozinhos! Faça ideia o capitão, frei Orlando, com a senhora na Boa Viagem!

Com o meu abraço, pedindo a bênção,

Frei Orlando

Naquela tarde de 2 de fevereiro de 1945 frei Orlando dobrou o envelope e calmamente o fechou, conforme as normas.

Duas semanas depois arremeteria com o "11" para a tomada de monte Castelo e sua trágica consequência.

4

Assim tudo acabou

1_ Quando fevereiro chegou

Aproximava-se o fim do inverno na Itália, a neve que diminuía de intensidade anunciava a chegada da primavera, se bem que aos brasileiros a temperatura de 18 graus negativos ainda incomodasse muito. Mas no restante da Europa as ações militares não tinham permanecido estacionárias como nos Apeninos, e a Alemanha nazista era cada vez mais uma fera acuada, recuando para o interior do próprio território, perdendo as grandes batalhas e com suas tropas rendendo-se ou sendo aniquiladas por toda parte. Os americanos investiam com determinação pelo Reno, libertando a França, a Bélgica e outros países desde o desembarque na Normandia, porém a resistência era crescente à medida que se aproximavam do território alemão.

Na denominada frente oriental os russos por fim colhiam uma série de vitórias após expulsar os nazistas do seu território, beneficiados pela ação ofensiva dos outros aliados a partir do Dia D, em 6 de junho de 1944, e também pelo reforço constituído por provisões americanas que aumentavam a cada dia, bem como pelos sistemáticos e rotineiros bombardeios das forças aéreas americana e inglesa sobre as vias de abastecimento, indústrias e cidades alemãs, que iam sendo destruídas quarteirão por quarteirão, dia e noite.

Na própria Alemanha, oficiais do exército tentaram matar Hitler em 20 de julho de 1944.

Em 12 de janeiro os russos transpuseram o rio Vístula, no dia 17 ocuparam Varsóvia, chegando aos campos de concentração e crematórios de Auschwitz e Birkenau em 27 daquele mês.

Mas na chamada frente italiana a Linha Gótica parecia intransponível.

O forte sistema defensivo alemão estabelecido nos Apeninos defrontava-se com o V Exército Americano e, naquele setor, com os brasileiros, estabelecendo um empecilho ao avanço rumo a Bolonha e o vale do rio Pó.

Com sua longa extensão e aproveitando cada ponto dominante dos montes Apeninos, a Linha Gótica constituía uma trincheira natural e era protegida por extensos campos minados, tendo sido fortificada com sistemas de sólidas casamatas de cimento armado e concreto por alemães e 15 mil italianos retirados de suas casas para trabalhar em regime escravo.

Embora desde o início a campanha da Itália tivesse sido utilizada nos planos aliados como uma manobra de fixação de tropas alemãs, que assim não reforçavam outras frentes — estas sim consideradas as mais importantes —, não foi por isso menos cruenta e mortífera. Isso a começar pelos próprios nazistas, que lá mantiveram tropas de elite, muitas transferidas da frente russa e outras com a experiência trazida do Afrika Korps de Rommel, e ainda no final chegaram reforços da SS e de homens idosos recém-incorporados. Eram todos combatentes duros e obstinados — algumas unidades jamais se renderam e mantiveram as suas posições até o fim da guerra. Porém, nos embates com os brasileiros quase sempre, à exceção do pequeno efetivo da SS, portaram-se como soldados, respeitando as leis de guerra.

Destacam-se episódios como o das covas rasas encontradas no alto do monte Castelo, com uma rústica placa, gravada a ponta de baioneta, em alemão:

Aqui estão enterrados três heróis brasileiros

No cemitério local, em Passo della Futa, estão sepultados 31 mil alemães.

Já no Brasil o Estado Novo agonizava, devido a uma conjugação de fatores externos e internos, principalmente a certeza da vitória das forças democráticas na guerra. Também era cada vez maior a grita de setores da sociedade brasileira, jornalistas, intelectuais, estudantes e uma parcela cada vez maior da população, clamando pela Constituinte, por uma Constituição democrática e por eleições para presidente.

Getúlio tentava manter-se no poder ou pelo menos contemporizar diante da maré de liberdade e democracia que se avolumava pelo mundo. Arriscou então, já que entre os trabalhadores ainda mantinha uma relativa penetração, apelar para o "queremismo" — "Queremos Getúlio!" —, baseado no demagógico mito de "pai dos pobres", e, aproximando-se dos comunistas, manobrar politicamente para a convocação da Constituinte, mas mantendo-se no governo até que fossem realizadas novas eleições presidenciais.

Entretanto, como em toda ditadura que enfrenta inimigos externos ao país, não havia manifestações políticas, embora o processo de democratização permanecesse em ebulição, com toda a nação aguardando o término da guerra.

E na Ásia e na Europa a guerra continuava.

Sopravam ventos de vitória e dizia-se que aquela seria a última guerra, dada a verdadeira hecatombe que se abatera sobre o mundo. Os líderes mundiais já exigiam a rendição incondicional de Alemanha e Japão, que no entanto não davam mostras de rendição e permaneciam lutando tenazmente.

O mundo clamava por paz, e por onde a guerra tinha passado só se falava em reconstrução e delineava-se o esboço de uma Organização das Nações Unidas que arbitrasse todas as contendas mundiais.

Nos Estados Unidos, entretanto, as B-29 — fortalezas voadoras — já treinavam o lançamento das bombas atômicas.

Mas no rigoroso inverno dos Apeninos, desde o malogrado ataque levado a efeito por batalhões do Regimento Sampaio e do "11", em 12 de dezembro de 1944, com pesadas baixas para os brasileiros, as ações entraram num compasso de espera pela melhoria do tempo. Foi o curto espaço de cerca de dois meses em que americanos, brasileiros e alemães puderam intercalar semanas de licença, folga e lazer na retaguarda, com a ociosa observação nos abrigos gelados da montanha, interrompidos bruscamente por fulminantes ações de patrulhas e combates muitas vezes corpo a corpo.

Frei Orlando, entretanto, permanecia atuando como nunca!

Estava tendo, como de resto todos os pracinhas, a oportunidade de conhecer melhor a bela Itália e o seu povo. Era o momento em que os brasileiros podiam conviver com a gente italiana, inicialmente desconfiada e arredia, e que tinha sido inoculada pela propaganda dos nazistas, que afirmava serem os brasileiros "negros selvagens e estupradores" que saqueariam os povoados e vilarejos.

Contudo, tal propaganda teve efeito contrário ao desejado pelos seus idealizadores, que, veiculando tais sandices pelas emissoras de rádio da Itália e da Alemanha, impressionaram suas próprias tropas, que — segundo depoimentos de oficiais prisioneiros e remanescentes nos dias de hoje — tinham dificuldades em permanecer em suas posições e resistir quando os brasileiros partiam para o assalto corpo a corpo aos gritos e empunhando baionetas.

Por isso esmeravam-se tanto nos fogos de barragem e na artilharia.

Quanto aos atentados contra a população civil, em toda a FEB somente um caso sucedeu — ao contrário do ocorrido com as tropas de outros países —, e os envolvidos foram presos e julgados por uma Corte Marcial.

Por outro lado, multiplicaram-se as ações de bondade e solidariedade.

Numa delas frei Orlando empenhou-se ativamente: o Mingau da Amizade! Essa iniciativa surgiu espontaneamente, não se sabe muito bem onde ou em que unidade da FEB, mas logo contagiou a todos e acontecia naturalmente. Tanto de forma oficiosa, pelos comandos, quanto como fruto do total empenho dos pracinhas entusiasmados em ajudar a população com a qual conviviam.

Certamente era o seguimento da Sopa do Frei de San Rossori e Pisa.

Tratava-se de um simples mingau quente servido pelos pracinhas à população e no qual entravam todos os ingredientes possíveis que tinham sido objeto de doações, principalmente rações americanas — que jamais caíram no gosto dos expedicionários —, tais como aveia, biscoitos, chocolates, feijão branco, carne enlatada e frango, *bacon*, leite, verduras, legumes, frutas, pão e muitos outros gêneros alimentícios. Tudo cozido nas enormes panelas do rancho e distribuído nos vasilhames que se conseguia, o mingau era levado para casa pelas centenas de pessoas que apareciam diariamente nas enormes filas.

Não demorou para o pracinha brasileiro falar o italiano a seu modo:

— *Buon giorno, signorina*! *Como vade, bene*?

Os relacionamentos amorosos logo surgiram, alguns duradouros, resultando em dezenas de casamentos entre pracinhas e italianas.

A chegada dos *brasiliani* em pouco tempo desmentiu os boatos difundidos pelas tropas alemãs e pelos fascistas — para maior confusão na Itália, havia ainda italianos que lutavam ao lado dos alemães, e remanescentes da Divisão Bersaglieri foram aprisionados junto com a 148ª Divisão Alemã pouco tempo depois.

O temperamento alegre e expansivo, tão comum aos brasileiros — que ofereciam almoços, mingaus, caramelos, chocolate, cigarros (Camel, Chesterfield, Luck Strike), tudo sem maiores exigências —, estabeleceu logo forte empatia com a população.

O aspecto geral do interior da Itália que se apresentava diante dos pracinhas era muito diferente do que conheciam no Brasil. A grande maioria do pessoal da FEB era oriunda da área agrícola, particularmente o pessoal do 6º RI, de Caçapava, interior de São Paulo — exceto um relativo número de componentes do 1º RI, que vinha da Baixada Fluminense e dos subúrbios do Rio de Janeiro, com grande número de migrantes nordestinos; os mineiros do 11º RI traziam também uma arraigada vivência de montanhas. O voluntariado trouxe, porém, gente humilde e simples de todo o Brasil, e tal situação era a mesma nas demais unidades: Artilharia, Engenharia, Cavalaria Mecanizada, Comunicações, Intendência, Saúde e outras.

Já o panorama daquela região italiana apresentava-se relativamente montanhoso, mesmo distante dos Apeninos, pontilhada de vilarejos e casas de pedras que pareciam remontar à Idade Média. O comum, entretanto, eram os extensos trigais e oliveiras que se estendiam pelas áreas cultiváveis entre as quais as estreitas estradas pareciam se esgueirar sempre subindo... subindo.

As casas, a maioria construída numa espécie de blocos de quatro ou cinco, apresentavam, quase todas, uma grande sala onde se recebiam as visitas, se jantava e que era também a cozinha. A lareira, onde sempre crepitava a lenha recolhida nas imediações, proporcionava um ambiente acolhedor no frio inverno e ficava perto do enorme fogão de ferro, também a lenha, junto do qual um grande caldeirão pendia de uma corrente. Num canto, guarda-louças, e uma pequena mesa de madeira sobre a qual ficavam alguns utensílios de metal, conchas e talheres. Os quartos eram simples, com cama e um guarda-roupa, havendo sempre uma profusão de imagens de santos e Nossa Senhora. O quadro com a Santa Ceia era presença constante em todas as habitações sobre a enorme mesa de jantar, sempre de madeira. Nos aposentos dos donos da casa havia sempre um crucifixo.

Não se viam retratos de Mussolini, Hitler — como era óbvio —, mas todas possuíam uma enorme gravura, um cartaz ou um retrato do Papa Pio XII.

Também não se viam bicicletas... levadas pelos alemães em fuga, assim como o fizeram com carroças, ferramentas, batatas, vinho, trigo, bois, aves e pequenos animais. Entretanto, passado o combate, cessado temporariamente o bombardeio, retirando-se as tropas, lá estavam os italianos tirando suas bicicletas não se sabe de onde e rumando, oscilantes, homens, mulheres e crianças, para trabalhar a terra.

Os pracinhas em pouco tempo estabeleceram verdadeiras e profundas ligações de amizade — algumas duraram até após a guerra — com famílias italianas que "adotaram" jovens soldados brancos, negros, mulatos e também o louro sulista ou o paulista do Brás, o morador do Recife ou de Alagoas, que gozavam da inteira confiança das famílias locais para sair e passear de bicicleta com suas jovens filhas.

Frei Orlando era repetidas vezes procurado por soldados que queriam casar-se — muitos o fizeram — e estendia-se horas e horas em aconselhar e orientar tanto os noivos como as jovens italianas, que, ele sabia, estavam fascinadas pelo que julgavam ser o Brasil.

Acontece que quando as tropas brasileiras chegaram ao interior da Itália, recentemente evacuado pelos alemães — que nos últimos tempos tinham se tornado cruéis exploradores das população local, carentes que se encontravam das mínimas condições materiais para se manter em combate —, defrontaram-se com moradores desconfiados, reservados e atemorizados. Mas o espanto diante da abundância de meios, veículos, material e provisões em geral que traziam — tudo logística americana — e que, como era próprio dos aliados do norte, se gastava sem a economia tão comum ao Exército Brasileiro no Brasil desarmou os espíritos daquela gente tão carente.

Os pracinhas exibiam aquilo com satisfação e usavam com seus novos amigos italianos, provendo suas despensas, almoçando e convivendo em família... indo à missa.

A primeira ideia que viera aos pracinhas, que da Itália pouco tinham ouvido falar, era que aquele povo andrajoso, com fome e medo, que inicialmente os recebia com desconfiança, parecia ter aceitado a dominação alemã, da qual todos falavam mal sem aparente resistência e sem luta, rapidamente desvaneceu-se. Bastou menos de um mês de convivência para que já estivessem dormindo em suas casas, em seus celeiros, bebendo o seu vinho e cantando as suas canções.

Frei Orlando esforçava-se muito junto aos soldados — em sua grande maioria semialfabetizados, mas também católicos fervorosos — para que percebessem a diferença entre as prostitutas que sempre acompanham os exércitos em luta e as moças "de família", como diziam os pracinhas nordestinos. Não se cansava de estabelecer comparações com as irmãs e mães que tinham deixado em casa, em seus sermões e principalmente nas confissões, que aumentavam de número às vésperas das partidas para a linha de frente.

Certo dia, foi com prazer que o capelão aquiesceu em comparecer a um almoço festivo promovido por um pelotão que comemorava o retorno de seu tenente comandante do hospital. Para o local, uma casa semidestruída que os pracinhas tinham reparado para abrigar a pequena fração de Infantaria, frei Orlando foi acompanhado de Rodarte. Ambos participaram da alegre comemoração dos pracinhas, regada a muito vinho e na qual o centro do almoço eram um carneiro assado e um galo, até que já ao anoitecer, quando se retirava, aproximou-se do frade o sargento auxiliar do pelotão (o 2º em comando) e, deixando o caneco de vinho com um soldado ao seu lado, disse para ele:

— Frei... muito obrigado pela presença... e a do capitão Rodarte... mas esteja tranquilo... nós pagamos ao italiano da cantina 700 cruzeiros pelo carneiro e 100 pelo galo... o vinho foi oferta dele.

O frade olhou, emocionado, para Rodarte e foram saindo.

— Assim são os seus soldados, capitão — disse ele.

— Os soldados do "11", Frei... os soldados brasileiros, Frei.

Diversos exércitos trouxeram seus soldados para combater na Itália: americanos, ingleses, canadenses, poloneses, indianos, sul-africanos, neozelandeses e alemães. Porém, em 2009 somente encontramos monumentos erguidos pela população aos brasileiros:

— em Gaggio Montano, o Monumento Brasile e o Monumento Liberazione
— em Montese, o Monumento Libertá e o Monumento ao sargento Max Wolff
— em Fabiano, o Monumento de Serracicia
— em Pistoia, o Monumento de Pistoia
— e ainda o Monumento de Livegriano, dedicado à Força Aérea Brasileira

2_ De repente...

Todos percebiam que com a queda de intensidade do inverno aproximava-se a hora do confronto decisivo em monte Castelo. A artilharia alemã estava mais ativa e eficiente e certamente mais bem informada por seus pequenos aviões de observação e também pelos italianos adeptos do fascismo. Com certeira pontaria e cada vez mais intensamente tinha como objetivos pontes — como a que dava acesso ao povoado de Sila — e estradas por onde de forma constante chegavam mais tropas como reforços para a 10ª Divisão de Montanha Americana, que ia ocupando posições ao lado dos brasileiros, blindados e artilharia, inclusive inglesa.

A nova e desesperada política de recrutamento do Terceiro Reich concentrara-se, desde algum tempo, em criar uma espécie de milícia paramilitar para proteção interna, além da juventude hitlerista, da SS e outras, compostas de rapazolas com cerca de 16 anos e também incorporando em novas unidades homens de mais de 60 anos. Assim pretendia-se liberar mais tropas para tentar deter os russos e os outros aliados ocidentais, que como duas pinças mortais arremetiam rumo a Berlim.

Com isso, o efetivo da Linha Gótica foi mantido e até algum reforço chegou à Itália, porém o percentual de veteranos de mais de 45 anos continuava muito grande.

Do lado brasileiro cada pracinha percebia que as licenças expiravam e não mais eram renovadas e... o "Boletim dos Soldados" falava num tal Plano Encore...

E, como na maioria das vezes, os boatos que corriam entre a tropa eram a expressão da verdade.

A denominação dada pelos Aliados ao Plano, "Encore", que em francês significa "ainda", para a tomada das posições alemãs revelava claramente o ânimo, a persistência e o revanchismo que tomava conta de toda a tropa.

O inverno tinha chegado muito oportunamente para a FEB, cujo 1º Escalão — o 6º RI acrescido de elementos de outras unidade — combatia desde 17 de setembro de 1944, cerca de 130 dias ininterruptos, enquanto era norma entre os americanos que o tempo máximo de permanência de suas tropas em tal situação fosse de 30 dias. O desgaste era total e só a batalha de monte Castelo se arrastava por mais de dois meses (desde 24 de novembro de 1944). Antes disso, o 6º RI já tinha levado de vencida os combates de Camaiore, monte Prano, Luchese, Gombitelli, Casa Bianca, Valimodo etc. Sucederam-se a penosa incursão pelo vale do rio Sercchio e confrontos sangrentos e exaustivos, desde Diecimo, passando por Piano della Rocca, Borgo a Mozzano, Ghivizzano, Coreglia, Fronace di Baga até Galliciano e Barga.

A pausa nas ações de grande envergadura deu à FEB o tempo de que necessitava para recompor suas forças, proporcionar aos homens o descanso e o lazer necessários ao equilíbrio psicológico e também mantê-los em constante treinamento e instrução possibilitados pelas ações de patrulhas e pelo enfrentamento do inimigo. Foram longas vigílias em noites geladas e dentro de posições cavadas no gelo, repelindo ataques alemães, atacando casamatas e enfrentando patrulhas na "terra de ninguém".

Mas os alemães também não ficaram inativos; apressadamente, mesmo durante o inverno rigoroso, deslocaram de Bolonha para os altos dos Apeninos a experiente 114ª Divisão Ligeira.

Frei Orlando escrevia cartas como nunca para os pracinhas analfabetos e deixava um pouco de si em cada uma delas.

O frei sempre gostou de escrever e enviava, inclusive, artigos para revistas no Brasil, o último deles remetido por intermédio de seu irmão ao jornalista Luiz Medeiros e publicado na revista *Singra*:

A GAITA E O VAGABUNDO

Numa tarde de rígido inverno, reunimo-nos na cozinha da casa onde estávamos acantonados. Ali era mais quente, pois se queimava bom pedaço de lenha na lareira.

Os soldados brasileiros, distinguiam-se dos demais, porque sempre andavam a cantar, divertiam-se com cânticos da pátria longínqua. Brasileiros e italianos, reunidos ao redor do mesmo fogo benéfico, formavam um ambiente estranho para quem observava as circunstâncias que aí vemos. Por aqui tudo é assim, não se compreendendo bem a situação em que nos lançou a guerra.

Brasileiros e italianos, à beira da lareira. Os brasileiros cantando para matar as saudades da terra do sol e de verduras, quente e rico. Quantas lembranças felizes deviam ter aqueles que cantavam!

Os italianos ouviam aquelas notas — ora alegres — ora melancólicas, pouco compreendendo o sentido das palavras. Fisionomias cansadas que traduziam a dor de quem vê sua pátria, outrora bela e atraente, reduzida às misérias de uma guerra brutal, provocada pelo próprio governo.

Os brasileiros cantam, saudosos. Ouviam-se os versos de "Saudades do Matão". Depois se seguiram cantos carnavalescos e sambas ruidosos...

Parecia que tinham afastado para bem longe a saudade e o abafamento da guerra e, que a alegria se generalizava.

Todos ajudavam, em coro, o show improvisado. Ninguém pensava que uma granada alemã daquelas que tinham ficado o rastro em todas as direções ao redor da casa, pudesse interromper a alegria.

Cantou-se alegremente, até quando, numa pausa, alguém se lembrou de pedir aos italianos presentes uma canção da Itália. Mas, como poderiam cantar aqueles desgraçados filhos de uma terra vendida?

O brasileiro canta para espantar as mágoas. Não sei se o italiano pensa também assim. Porém, como nós, "quem canta seus males espanta", insistiram com os presentes que cantassem alguma coisa para espantar os males.

Entre as pessoas que residiam — seus proprietários e refugiados — havia dois irmãos: Xisto e Rosa. Eram refugiados de uma localidade que estava sob constante bombardeio inimigo.

— Canta Rosa, canta "uma cansone italiana" — pediam os soldados.

Rosa é uma senhorita de seus 20 anos. É bastante alta e magra, saindo fora do comum da estatura e corpulência das mulheres italianas. Seus cabelos são muito louros, como os daquelas bonecas que tantas vezes víamos nas mãos das crianças do Brasil. Olhos castanhos muito grandes, que embora cansados, ainda brilhavam entre escuras olheiras, sinais de noites tremendas passadas na zona de guerra. Seu rosto pálido conserva ainda vestígios dos outros tempos quando era rosado, estampando a saúde dos moradores das montanhas.

Rosa fala ligeiro, porém um italiano correto, bem diferente daquele que fala o camponês, que é difícil de entender. Como me contou, estudou num colégio de Bolonha, pois o pai era proprietário de uma loja sortida, da qual restam apenas ruínas.

O pai — "tedeschi portare via" (os alemães levaram). Os três irmãos lutam contra os alemães no Exército Americano. Aliás, Xisto nasceu na América do Norte, onde o pai fizera algumas economias. Voltará brevemente para lá e sente-se satisfeito por ir morar numa terra onde o homem pode viver livre.

Rosa, canta! Continuam insistindo os brasileiros.

— Não — dizia Rosa — não posso cantar!

— Por quê?

— Não! Estamos em guerra...

Coitada, devia estar pensando, com certeza, no pai, na casa destruída, nas privações, e em tudo quanto lhe causaram tantas tristezas...

Os soldados, porém, continuavam a pedir que Rosa cantasse. E Rosa acabou cedendo aos pedidos e cantando.

Voz educada e bela, como poucas ouvimos nesta região. E cantou:

"L'*organetto del* Bagabundo" (A Gaita do Vagabundo).

Senti, francamente, o trágico daquela reunião.

A figura de Rosa cantando a vida do vagabundo, "que sonha com tardes fagueiras, que não suspira por amor que não tem, porque vive dos clarões da lua, e sombra da sorte", pareciam-me ver todo este infeliz povo da Itália, que se tornou vagabundo, levado pelo egoísmo de um indivíduo que pode ter seus méritos, mas que fez a infelicidade de uma nação. O povo italiano, que se fez vagabundo, como se vê por todas as estradas agora, ou nas ruas das cidades, onde, mal se para, se vê rodeado de crianças e mulheres, pedindo uma "acatoleta"(caixa de ração). Com que tardes fagueiras pode sonhar? Sobretudo, agora que deve reconstruir cidades, e em muitas delas, quase casa por casa? O vagabundo que sonha com um amor que não tem? Como este povo digno de dó e compaixão, que teve seus amores, tem seus grandes cultos e seus ideais, que amor pode ele sonhar agora? Ele que também vive dos clarões da luz, porque não lhes resta senão a sua pálida lua que clareia os campos vazios...

E, no meio de tudo isto, parece ainda zombar da sorte, como Rosa, pois no meio da tremenda realidade da guerra ainda tem coragem de cantar.

Gostei da música da canção, porém, naquela hora e naquele ambiente parecia-me que a figura abatida da moça interpretava toda a desgraça e toda a miséria de uma guerra, que nós brasileiros, não queremos. E a escolha que fez, no grande repertório de canções italianas, não foi bem feita por ela. O vagabundo que pelo mundo afora, cantou tocando, sem sonho, sem amor, sem casa e sem dinheiro, é a figura do povo da cantora. Realmente, Rosa não foi feliz na escolha, porém zombando da triste sorte ela trabalha para uma pátria melhor, livre, pacífica e feliz, como deve ser futuramente a Itália.

Frei Orlando

3_ Por fim, o dia 20 de fevereiro de 1945

Antônio Álvares da Silva, o frei Orlando, fizera aniversário no dia 13 de fevereiro, completando então 32 anos de fulgurante existência.

No dia 4, o Boletim Interno do Regimento tinha publicado um elogio do major Orlando Ramagem, comandante do Batalhão, com o seguinte teor:

> Sendo o cumprimento do dever, para cada um de nós no seu mister hierárquico, saber obedecer, e esse dever [...] sempre imposto rigorosamente ao militar nos momentos de sacrifício, como o que estamos vivendo nestes campos de luta, aliados a uma vontade firme de vencer, este Comando não pode deixar de fazer uma referência especial ao capelão Antônio Álvares da Silva (frei Orlando), que, no cumprimento de seu dever cristão, vem assistindo e preparando espiritualmente todos os componentes deste Batalhão. Durante o período em que esse Batalhão guarneceu e defendeu o subsetor W da Divisão, frei Orlando, sempre disposto com verdadeiro desprendimento, visitou várias vezes os elementos que se achavam em primeira linha, bem como os feridos nos hospitais, transmitindo a todos a sua palavra de fé cristã, dando uma ideia exata da grandeza da sua missão, pelo que o louvo e recomendo-o como merecedor da melhor consideração dos seus chefes e camaradas.
>
> Orlando Gomes Ramagem
> Major-comandante do Batalhão

O Boletim correu de mão em mão no Regimento, e todos sabiam quanto desagradavam ao frei elogios e agradecimentos. Seus amigos mais chegados, porém, dobraram o Boletim e cuidadosamente o guardaram entre suas coisas, nem tocando no assunto com ele.

Entretanto, frei Orlando, por mais que o desagradassem as manifestações de elogio e agradecimento, não conseguia conter as espontâneas manifestações, principalmente da tropa. No dia 13, data do seu aniversário — que não se sabe como era do conhecimento de todos os pracinhas —, não houve quem, ao se encontrar com o frade, não se abrisse num sorriso e estendesse a mão — coisa que normalmente um soldado não toma a iniciativa de fazer com um oficial —, cumprimentando-o com alegria. Outros o procuraram para abraçá-lo, e a missa que celebrou estava carregada de emoção, e ao término dela fizeram fila para cumprimentá-lo. Diante de cada um tinha uma palavra especial e emocionava-se ao apertar nos braços aqueles que ouvira em confissão, a quem ministrara a comunhão, a alguns a unção dos enfermos (extrema-unção) e outros que ajudara a trazer da terra de ninguém. Entre o pessoal do "11" que não estava em posição na linha de frente, de serviço ou baixado ao hospital, praticamente ninguém deixou de comparecer à missa, inclusive os protestantes, espíritas e ateus.

Também a população de Sila e alguns capelães protestantes americanos estavam lá, naquela que se transformou numa grande missa campal.

Foi a missa de despedida de frei Orlando!

Desde o início do mês tinham se intensificado de forma crescente os preparativos para a grande revanche. Aos poucos, como o fluxo irreversível da enchente de um rio, a FEB movia-se para as suas posições de ataque no sopé da montanha ameaçadora.

Os alemães, aos quais pouca coisa passava despercebida, apesar do nevoeiro e da sempre presente cortina de fumaça, aumentavam seus bombardeios, porém claramente poupavam munição e procuravam ocultar as suas posições de artilharia, principalmente dos aviões aliados, entre os quais já se podia ver os caças-bombardeiros da Força Aérea Brasileira.

Mas, ainda no dia do aniversário do Frade, o major Frei Gil Maria, capelão adjunto da Chefia da Capelania, escreveu a dona Emirena:

> Ex.ma Senhora D. Emirena Teixeira Pinho
>
> Passando-se hoje o aniversário natalício de seu filho e companheiro nosso, o Rev.mo Pe. Frei Orlando, aproveito a ocasião para lhe enviar algumas linhas, embora não a conheça pessoalmente. Imagino vossa senhoria saudosa, alegre a esperar a vitória para receber o seu querido filho. Agora Frei Orlando está conosco, trabalhando pelo bem dos soldados e pela segurança de nossa pátria. Louvado seja Deus, que a todos nós capelães da FEB tem dispensado uma proteção que, sem exagero, posso chamar de especialíssima. Todos vamos bem, tanto de alma quanto de saúde. Contamos com amizade e confiança de oficiais e praças. O trabalho desenvolvido pelos nossos capelães tem mais e mais animado a tropa e atraído as bênçãos de Deus. E Frei Orlando está sempre na vanguarda, com seu sorriso, que é uma amostra de sua grande alma, com sua operosidade, que traduz um coração de verdadeiro apóstolo do bem. Tem sido um legítimo franciscano no cumprimento de suas excelsas e sagradas missões junto de nossos soldados, os soldados do Brasil sempre evocados. E, para que não pareça elogio corriqueiro de amigo e irmão, leia o que saiu no Boletim Interno do nosso Regimento, no dia 4 do corrente mês [transcreve o texto]. As preces que vossa senhoria faz por seu filho, pedimos também para nós, que sendo irmãos no sacrifício merecemos um pouco de seu maternal amor. Aproxima-se a vitória de nossa pátria. Tenha confiança em Deus de que em breve estaremos aí. E que festa será quando receber vitorioso o filho que viu um dia partir para a guerra [...].
>
> Frei Gil Maria
> Major-capelão adjunto da Chefia

A carta está datada do dia 13, uma semana antes do fatídico 20 de fevereiro de 1945.

Por esses dias a tropa do 11° RI se despedia da região de Sila — o Plano Encore estava em plena execução!

Todos sentiam que dessa vez as coisas aconteceriam de forma diferente.

O conjunto de forças que se avolumavam era impressionante: via-se cruzar os ares em incursões preparatórias os aviões americanos e brasileiros; os canhões inimigos não mais se mostravam impunemente. A artilharia brasileira era acrescida pela americana e pela inglesa, e cada vez com maior precisão ajustavam seus fogos de contrabaterias. Dos Estados Unidos chegavam reforços para a 10ª Divisão de Montanha, que havia bastante tempo vinha combatendo lado a lado com os brasileiros nos Apeninos. A tropa que agora retomava o ataque não era mais novata e estreante — como o 1° e o 11° Regimentos de Infantaria, ou extenuada pela sequência de combates, como o 6° RI, atuando em região de topografia desconhecida e inóspita, recém-saído de toda uma vida em clima diametralmente oposto.

O humilde e sacrificado pracinha, já experiente pelos embates diretos com os outrora temíveis alemães nas patrulhas, combates corpo a corpo, fazendo-os prisioneiros e vendo-os morrer cada vez mais jovens nas casamatas destruídas, agora, depois de alguns meses de luta no inverno, era "um dos melhores combatentes do mundo", no dizer do Comando do V Exército Americano.

Em toda a FEB havia a consciência do grande sorvedouro de vidas que era monte Castelo, mas persistia o espírito de revanche que unia todos, do general ao soldado. Porém, dessa vez o pracinha sentia-se envolvido por um esforço maior — não mais ataques de surpresa e sem apoio de apoio aéreo e de artilharia. Muito pelo contrário, arremetia-se contra os nazistas com tudo o que se tinha!

Não mais um e outro Batalhão, mas todo o efetivo da FEB, e no flanco a 10ª de Montanha.

Nos povoados e pequenos aldeamentos, como Sila, em que os brasileiros haviam estado alojados durante o inverno, foram semanas de despedidas tristes e sofridas. Muito embora com pouco tempo, estabelecera-se uma afetuosa relação de amizade entre os pracinhas — dos oficiais aos soldados — e a população italiana. Muitos, a maioria, tinham uma casa ou uma rústica fazendola e amigos que já consideravam "seus": "Vamos lá em casa... vá almoçar lá em casa"... Era assim que se referiam aos italianos que os acolhiam. Para lá levavam alimentos, faziam refeições, tinham roupa lavada e passada, dormiam... e tomavam muito vinho.

Muitos namoravam, outros engravidaram belas italianas e alguns até casaram e trouxeram as esposas para o Brasil.

As missas celebradas por frei Orlando eram abertas tanto aos pracinhas como à população — como se pode ver em fotos do Arquivo Frei Orlando —, com famílias inteiras presentes e procurando cantar: "Soldado cristão varonil... eu confio em Nosso Senhor... que tu sejas fiel ao Brasil... com fé, esperança e amor [...]".

Foi, portanto, difícil, muito difícil o momento da despedida.

Cenas emocionantes tiveram lugar com abraços, lágrimas e outras manifestações de carinho. No ar, sempre pairando a ameaça de guerra, destruição e, o que ninguém ousava falar, da morte e da possibilidade de não mais se verem. Presentes foram trocados e não foram poucos os brasileiros que levaram cantis cheios de vinho e bastante pão feito em casa. Por sua vez, muitos foram os pracinhas que deixaram botas sobressalentes, roupas de inverno, caixas de rações, endereços no Brasil e retratos de família.

Houve por parte de alguns uma verdadeira correria atrás de padres italianos — havia dificuldades com relação aos capelães e às autorizações do Comando — para realizar casamentos.

Ao final da guerra, foi necessário um navio para trazer ao Brasil as felizes "esposas de guerra".

Das muitas coisas que aprenderam com os brasileiros, uma ficou gravada em todos os italianos que conviveram com os *bra-*

ziliani: a música que cantavam quando se despediam e partiam para os turnos na linha de frente. E foi no seu ítalo-português claudicante que disseram adeus aos pracinhas:

Ai, ai, ai, ai...
está chegando a hora...
O dia já vem raiando, meu bem...
eu tenho que ir embora...

Frei Orlando, sem pressa e extremamente calmo, arrumou suas coisas com especial cuidado para o que chamava de seu "altar portátil". Por diversas vezes foi solicitado por alguns soldados para uma bênção, o que fez sempre com um leve sorriso de confiança nos lábios e movimentando a mão direita no sinal da cruz.

— Deus os abençoe... Vão com Deus — repetia sempre.

Especial atenção teve com o hábito, que sempre trazia no bornal junto ao corpo e com o qual — repetia sempre — queria ser sepultado sobre o uniforme do Exército.

Apalpou o bolso para certificar-se de que o terço estava ali... e seguiu para a frente pela última vez.

✢✢

A ofensiva dos Aliados contra as posições alemãs do sistema monte Castelo iniciou-se às 23 horas de 19 de fevereiro de 1945, com o ataque de flanco da 10ª Divisão de Montanha sobre a crista Belvedere–Gorgolesco–Della Torracia. A audácia do ataque noturno dos americanos surpreendeu totalmente os alemães, e ao amanhecer o monte Belvedere já tinha caído.

Porém, a reação alemã estava sendo extremamente vigorosa, com poderosos contra-ataques de infantaria precedidos de violenta ação de artilharia. Era chegada a hora, segundo os planos estabelecidos, da entrada em ação da tropa brasileira.

E a 1ª Divisão de Infantaria Expedicionária atacou!

Na madrugada que precedera aquela arrancada monte Castelo acima, já sabedores de que os americanos da 10ª de Montanha esgueiravam-se numa perigosa incursão noturna pelo flanco, muitos pracinhas ainda tiveram oportunidade, antes de se deslocarem para a posição de ataque, de participar da missa celebrada por frei Orlando. Logo em seguida se foram, afastando-se no silêncio do quase amanhecer do dia 20, para desencadear o ataque decisivo. Iriam ultrapassar a linha de partida com a chegada dos pálidos raios daquele sol de inverno nos Apeninos, num ataque frontal, pelo outro flanco, e com forte apoio da reserva operacional.

A essa altura dos acontecimentos já se ouvia a forte reação da artilharia alemã sobre os americanos que atacavam Belvedere e também em seguida, como um inferno de ferro e fogo, direcionada contra a tropa brasileira que atacava. Logo não havia mais vanguarda ou retaguarda na região, e toda a estrutura da 1ª DIE estava empenhada. Configurava-se um dantesco espetáculo em que o barulho ensurdecedor do duelo de artilharia só era abafado por alguns momentos quando aviões americanos e brasileiros atacavam em voos rasantes, despejando suas cargas de bombas e metralhando as posições alemãs.

Lá pelo meio da manhã os primeiros feridos chegavam ao Posto de Saúde Avançado, e em levas cada vez maiores traziam notícias aterradoras do que acontecia montanha acima.

Todos trabalhavam com afinco nas enormes barracas com a cruz vermelha onde geralmente frei Orlando ficava atendendo os feridos.

Até que alguém perguntou:

— Ei... onde está o Frei?

E não o encontrando numa barraca-enfermaria foi a outra e mais outra, mas em vão. Até que um ferido dissesse para quem perguntava:

— O Frei?... eu o vi... ele esteve lá na minha Companhia, a 4ª, lá entre Falfare e Colombura, bem cedinho...

— Mas ele tinha ordem de permanecer aqui conosco — disse um médico que ouvira a conversa.

Já passava das dez da manhã, ainda nevava, porém com menos intensidade, e os campos, estradas e caminhos estavam tomados por uma lama gelada, decorrente do descongelamento. Veículos patinavam e atolavam, enquanto caminhar por aquele terreno era extremamente difícil e cansativo, pois as botas ficavam pesadas e repletas de uma lama pegajosa e o solo era escorregadio. Homens a pé e veículos em geral tinham muita dificuldade em deslocar-se, e o terreno era totalmente impraticável para blindados.

Mas combatia-se como nunca naquela terrível montanha!

As zonas onde se encontravam a 4ª e a 6ª Companhias naquele momento iam de Falfare a Bombiana e estavam sendo rudemente castigadas por artilharia e tiros de morteiros. A presença do frade, que surgira repentinamente, a pé e todo molhado, enlameado e com seu sorriso de sempre, não surpreendeu ninguém, muito embora o comandante da Companhia o tenha puxado pelo casaco para junto de si, exclamando:

— Frei... você é mesmo maluco! Nesse caminho que você fez até aqui eu já perdi vários homens...

Ele fingiu não ouvir a observação do capitão e, após acenar para alguns soldados, falar rapidamente com outros, disse para o oficial:

— Não consigo ficar lá embaixo enquanto nosso pessoal está precisando de mim aqui em cima...

Fez uma pausa, encarou o colega, ajeitou o capacete.

— Vou até a 6ª Companhia...

— A situação lá está muito ruim... acho, Frei, que você deveria passar primeiro pelo Observatório do Batalhão e falar com o major Ramagem.

As posições da 4ª Companhia — onde estava o capelão — encontravam-se sob observação e fogo dos alemães, seus cento e poucos homens detidos no terreno à espera de ordens do Batalhão e apoio de artilharia para avançar.

Em rápidos lanços, o frei projetou-se rumo ao Observatório do Batalhão no monte Dell'Oro.

Pelo caminho, morte e destruição por toda parte: numa pequena saliência do terreno, uma casamata ainda fumegante com as ferragens retorcidas de uma metralhadora alemã — que os pracinhas brasileiros apelidaram de "Lurdinha" — com os corpos de três soldados e um cabo alemães; mais adiante, caixotes de munição com dizeres em alemão abandonados na retirada apressada; após uma curva na estrada enlameada que descia da montanha, um veículo de transporte de tropas da Wehrmacht destroçado e no meio de algumas crateras parecia ter sido atingido por tiros de morteiro. Sangue, capacetes alemães e um sargento morto fizeram o frade parar por alguns instantes e meditar... Mas logo seguiu em frente, cruzando com três soldados americanos da 10ª de Montanha que se mostravam confusos, tão longe de sua área de atuação naquela manhã, conduzindo quatro alemães prisioneiros, alguns feridos, parecendo não saber para onde ir. Estava chegando ao Posto de Observação do Batalhão e alguns pracinhas tentavam ajudar os americanos, depois de quase mais um incidente motivado pela semelhança do uniforme da FEB com o alemão, e que só a jaqueta cáqui e o capacete diferenciavam a distância.

O major Orlando Ramagem, comandante do II Batalhão do 11º RI, estava ocupadíssimo, mergulhado entre cartas (mapas), binóculos, rádios e um vaivém constante e quase alucinado de informações que chegavam, decisões a ser tomadas, mensagens, ordens e solicitações vindas das Companhias em operação, do Comando do Regimento, da artilharia e do apoio aéreo. O Observatório do Batalhão era apenas uma construção em ruínas coberta por redes de camuflagem, ocupando uma posição no terreno de onde se podia visualizar uma extensa área verde à frente.

Frei Orlando manifestou ao major a sua intenção de ir até a 6ª Companhia. Ramagem não tentou fazê-lo desistir, apenas olhou fixamente para o frade — que elogiara poucos dias atrás em Boletim Interno exatamente pelo que fazia — dizendo:

— Eles estão sob intenso bombardeio... e vamos avançar dentro em pouco...

Frei Orlando fingiu não ouvir e passou a falar com Ramagem sobre o caminho que pretendia tomar. Mas o comandante discordou, argumentando que era o mais curto, porém estava sendo batido intensamente pelas baterias alemãs. Sugeriu, então, que dali do Observatório o capelão ganhasse a contraencosta do monte Dell'Oro e chegasse ao Posto de Comando do Batalhão na localidade de Docce, de onde poderia chegar às posições da 6ª Companhia — se ela ainda não tivesse avançado — por um itinerário menos exposto.

Já passava de meio-dia, e frei Orlando, sempre a pé, rumou para o povoado de Docce.

Pelo caminho alcançou uma antiga estrada carroçável e esburacada pelas crateras de bombardeios. Por ela estavam vindo para a retaguarda pracinhas feridos que podiam locomover-se. Frei Orlando parou com alguns, conversou, animou-os dizendo que iriam para casa, abençoou os que pediram e continuou montanha acima.

Estava se aproximando da localidade de Bombiana.

Eis que surgiu um jipe avançando com dificuldade por aquela estrada esburacada. Nele estavam o capitão Ruas Santos, o cabo Gilberto Torres, que dirigia, um soldado do II Batalhão e um *partisan* dos muitos que atuavam como guias na região. Frei Orlando sinalizou para a viatura, que vinha em baixa velocidade e, quando ela parou, saltou agilmente para dentro e só depois perguntou para onde eles iam.

E lá foi ele de carona — conhecia todos, menos o *partisan*.

O estrondo dos tiros de artilharia soava próximo e o matraquear das metralhadoras ainda mais perto. O frade foi se ajeitando no meio de tanta gente no jipe, dizendo o que tinha feito pela manhã, dando notícia do que presenciara e manifestando a certeza do sucesso:

— Desta vez vai!

Repentinamente, quando falava de uma transmissão que tinha ouvido pela manhã feita pela emissora dos holandeses livres e soltava uma gargalhada diante de uma observação de um dos ocupantes do jipe, a viatura estancou, imobilizada por uma pedra na estrada. Todos, menos o motorista, saltaram e, empurrando o veículo, conseguiram livrar a roda e o jipe.

O capitão Francisco Ruas dos Santos preocupou-se em mover a pedra da estrada para que outros veículos não tivessem aquele incidente, e usando a manivela tentava retirá-la. Foi quando o *partisan*, certamente tentando ajudar, desferiu algumas coronhadas de seu fuzil na pedra.

Antes que qualquer palavra de advertência fosse pronunciada, o fuzil do *partisan* — na realidade um camponês improvisado de bandoleiro — disparou!

Frei Orlando levou a mão ao peito, o verde-oliva tingiu-se de vermelho!

Ele deu alguns passos à frente e resvalou para o chão, tirando o terço do bolso e balbuciando uma ave-maria!

Ele queria ser sepultado com o seu hábito por cima do uniforme, e foi...

5

Post-mortem

Missa e sepultamento

Frei Orlando deixou este mundo às 14 horas do dia 20 de fevereiro de 1945, numa estrada perto de Bombiana, Itália.

O combate estava no auge e monte Castelo ainda não havia caído.

Os primeiros a chegar, após o médico, junto ao seu corpo estendido na estrada foram o capelão frei Alfredo e seu amigo capitão Rodarte. A primeira providência foi vesti-lo com o hábito de franciscano que sempre trazia no seu bornal sobre o uniforme do Exército Brasileiro, conforme o seu pedido. Transportado para a cidade de Bombiana, às 20 horas foi celebrada uma missa de corpo presente por frei Alfredo, na Capela de Santo Antônio, ajudado pelo capitão Rodarte.

Às 15 horas de 21 de fevereiro, quando os alemães já não recuavam e sim fugiam em direção ao Vale do Pó, perseguidos pelo 11° RI e outras unidades da FEB, frei Orlando era sepultado em Pistoia.

A emoção tomava conta dos poucos integrantes do 11º RI presentes, porém a oração e as palavras que mais comoveram a todos foram proferidas pelo Capelão Chefe do V Exército Coronel e Pastor Madox, representando o General Critemberg, comandante do Corpo de Exército Aliado ao qual a FEB estava subordinada.

Condecorações

(Cópias de Diplomas)

Medalha de campanha

O Presidente da República dos Estados Unidos do Brasil resolveu, de acordo com o decreto de 30 de maio de 1946, conceder a **Medalha de Campanha** ao **CAPITÃO CAPELÃO MILITAR ANTÔNIO ÁLVARES DA SILVA (FREI ORLANDO)**, por ter, como integrante da Força Expedicionária Brasileira, participado em operações de guerra na Itália.

Rio de Janeiro, 25 de julho de 1946
125º da Independência, 58º da República
Gen. Pedro Aurélio de Góis Monteiro — Ministro da Guerra

Cruz de combate

O Presidente da República dos Estados Unidos do Brasil, resolveu, de acordo com o decreto de 9 de janeiro de 1947, conceder a **Cruz de Combate de Primeira Classe** ao **CAPITÃO CAPELÃO ANTÔNIO ÁLVARES DA SILVA (FREI ORLANDO)** por ter durante toda a campanha do inverno, quando o

Segundo Batalhão do 11° RI, defendia o subsetor Oeste do setor da 1ª DIE, levado, ininterrupta e permanentemente, conforto moral e assistência religiosa aos combatentes da 1ª linha, sem jamais medir sacrifícios nem alegar cansaço. Subindo e descendo montanhas cobertas de neve, transpondo regiões terrivelmente bombardeadas pelos morteiros e pela artilharia alemã, atravessando regiões densamente minadas e palmilhando locais e intervalos de posições onde sempre era esperado um encontro com o inimigo, tornou-se uma das figuras mais conhecidas e respeitadas da FEB. Tal foi sua conduta até o último momento, quando tombou mortalmente ferido ao se dirigir em visita aos elementos mais avançados do seu Regimento. Frei Orlando foi o protótipo do Capelão-Soldado da FEB. Sua bravura, seu estoicismo, seu devotamento a seus camaradas, seu amor a Deus e à Pátria serão sempre lembrados.

Rio de Janeiro, 27 de fevereiro de 1947
Gen. Canrobert Pereira da Costa — Ministro da Guerra

Patrono do Serviço de Assistência Religiosa do Exército

Decreto n° 20.680, de 28 de fevereiro de 1946

O Presidente da República, usando da atribuição que lhe confere o artigo 74, letra a, da Constituição e considerando que o **Capelão Militar CAPITÃO ANTÔNIO ÁLVARES DA SILVA, FREI ORLANDO, OFM**, tombado na linha de frente, em Bombiana, Itália, a 20 de fevereiro de 1945, prestou inestimáveis serviços à Força Expedicionária Brasileira, nas fileiras do Regimento Tiradentes, onde a sua memória é justamente venerada; considerando haver ele demonstrado possuir peregrinas virtudes morais e cívicas, que o recomendam à posteridade como modelo de verdadeiro sacerdote capelão militar, resolve instituí-lo **Patrono do Serviço de**

Assistência Religiosa do Exército Brasileiro, criado em caráter permanente por decreto-lei nº 8.921, de 28 de janeiro de 1946.

Rio de janeiro, 28 de fevereiro de 1946
125º da Independência e 58º da República
Eurico Gaspar Dutra — Presidente da República

Celebração marca clausura do processo de beatificação de Frei Orlando

Extraído dos Anais da Diocese de São João del-Rei em 13 de fevereiro de 2009 e do jornal *Vínculo Diocesano* de 16 de fevereiro de 2009.

Na sexta-feira, dia 13 de fevereiro, às 9h, foi celebrada, na igreja de São Francisco, a missa de clausura do processo de beatificação de Frei Orlando. A celebração, que foi presidida pelo Bispo da Diocese de São João del-Rei, Dom Waldemar Chaves de Araújo, contou com a presença de diversas autoridades militares e religiosas. "Estamos encerrando a primeira etapa de um processo que significa muito para nós. Pesquisamos a vida de Frei Orlando, buscamos os detalhes. Li suas cartas, seus escritos, suas homilias. Nós encontramos testemunhas, documentos, apesar de já se terem passado tantos anos de sua morte", disse Pe. Lindemberg Freitas Muniz, Tenente-coronel do Exército e postulador da causa de Frei Orlando.

Durante a celebração dessa manhã, as autoridades militares, os religiosos presentes e familiares de Frei Orlando assinaram a Ata do Processo, que foi lacrada em uma urna para ser enviada a Roma. "Agora é esperar de Roma a aprovação e o nada consta. Então, começaremos a procurar os milagres que tenham acontecido pela intercessão de Frei Orlando, para que ele seja declarado beato o mais breve possível", explicou Pe. Lindemberg.

Já na Oferenda, os familiares de Frei Orlando levaram seus restos mortais ao altar. Emocionado, José Afonso Álvares Rodrigues, sobrinho do religioso, declarou já acreditar na santidade do Frei. "Quando ele morreu, eu ainda era menino. Tudo o que sei sobre ele, minha mãe me contava. A principal característica era a alegria. Hoje, mais que nunca, tenho certeza de que ele era um santo e não tem outra saída senão beatificá-lo", acredita.

A alegria de Frei Orlando também é um dos motivos que levaram Pe. Lindemberg a crer na sua santidade. "É uma alegria que se espalhou por toda a tropa, que certamente vinha de sua fé e de sua união com Deus. Será que um homem, com suas próprias forças, é capaz de manter-se alegre e despertar alegria entre os feridos de guerra? Ora, claro que não! Esse fato, aos meus olhos, materializa a santidade de Frei Orlando. Ele era também um homem extremamente caridoso. Ele criou a Sopa dos Pobres em São João del-Rei. E durante a guerra Frei Orlando escrevia as cartas dos combatentes analfabetos. Às vezes virava a noite nessa atividade. Para que vocês possam ter uma ideia, foram 42 capelães para a guerra e somente Frei Orlando marcou o coração dos combatentes. Ao retornar da batalha, eles já pediam a beatificação do Frei", conta.

O Bispo da Diocese de São João del-Rei, Dom Waldemar Chaves de Araújo, falou sobre o que motivou a abertura do processo no ano de 2003: "O General Ventura me pediu diversas vezes para abrir o processo de beatificação de Frei Orlando. Quis saber quais os motivos que o levaram a me pedir isso. Então ele disse que acreditava muito na santidade daquele homem, que dava assistência a todos e escolhia seus momentos de descanso para estar com os soldados, levando palavras de conforto. Era ele quem assistia espiritualmente e acompanhava as angústias e penúrias daquela frota".

Frei Orlando era aquela pessoa alegre, feliz, que passava segurança a todos.

Além da homenagem ao capelão militar Frei Orlando, no dia 13 de fevereiro o Exército Brasileiro também comemora o Dia do Serviço de Assistência Religiosa.

"O dia de hoje significa que a Igreja cumpre seu papel de orientar os homens das Forças Armadas para Jesus, para que vivam sua vida terrena fazendo o bem a todos. Por isso, foi acordada com o Vaticano a regulamentação do serviço dos padres e dos Bispos junto aos militares do Brasil inteiro. Isso se chama serviço de assistência religiosa ao Exército, à Marinha, à Força Aérea, à Polícia Militar, aos Bombeiros", explica Dom Osvino José Both, Arcebispo Militar do Brasil.

Às 7 da noite o *Te Deum* encerrou a solenidade.

DISTRIBUIDORES

• BAHIA

Livraria e distribuidora Multicampi Ltda.
Rua Direita da Piedade, 20 – Piedade
Tel. 71 2101-8000 | **Telefax** 71 2101-8009
40070-190 – Salvador, BA
ldm@livrariamulticampi.com.br

• MINAS GERAIS

Asteca Distribuidora de Livros Ltda.
Rua Costa Monteiro, 50 e 54 – Sagrada Família
Tel. 31 3423-7979 | **Fax** 31 3424-7667
31030-480 – Belo Horizonte, MG
distribuidora@astecabooks.com.br

Livraria João Paulo II
Rua São Paulo, 627 – Centro
Tel. 33 3272-9899
35010-180 – Governador Valadares, MG
livrariajoaopauloii@hotmail.com

Mãe da Igreja Ltda.
Rua São Paulo, 1207 – Centro
Tel. 31 3213-4740 / 3213-0031
30170-131 – Belo Horizonte, MG
maedaigreja@globo.com

Livraria Jardim Cultural
Av. Dr. Cristiano Guimarães, 2127B – Planalto
Tel. 31 3222-4100
31720-300 – Belo Horizonte, MG
jardimculturalbh@yahoo.com.br

• PIAUÍ

Livraria Nova Aliança
Rua Olavo Bilac, 1259 – Centro
Telefax 86 3221-6793
64001-280 – Teresina, PI
livrarianovaalianca@hotmail.com

• RIO GRANDE DO SUL

Livraria e Editora Padre Reus
Rua Duque de Caxias, 805
Tel. 51 3224-0250 | **Fax** 51 3228-1880
90010-282 – Porto Alegre, RS
livrariareus@livrariareus.com.br
loja@livrariareus.com.br

• SÃO PAULO

Distribuidora Loyola de Livros Ltda.
Vendas no Atacado
Rua São Caetano, 959 – Luz
Tel. 11 3322-0100 | **Fax** 11 3322-0101
01104-001 – São Paulo, SP
vendasatacado@livrarialoyola.com.br

Livrarias Paulinas
Via Raposo Tavares, km 19,145
Tel. 11 3789-1425 / 3789-1423 | **Fax** 11 3789-3401
05577-300 – São Paulo, SP
expedicao@paulinas.com.br

REVENDEDORES

• AMAZONAS

Editora Vozes Ltda.
Rua Costa Azevedo, 105 – Centro
Tel. 92 3232-5777 | **Fax** 92 3233-0154
69010-230 – Manaus, AM
vozes.61@vozes.com.br

Livrarias Paulinas
Av. 7 de Setembro, 665
Tel. 92 3633-4251 / 3233-5130
Fax 92 3633-4017
69005-141 – Manaus, AM
livmanaus@paulinas.com.br

• BAHIA

Editora Vozes Ltda.
Rua Carlos Gomes, 698A
Conjunto Bela Center – loja 2
Tel. 71 3329-5466 | **Fax** 71 3329-4749
40060-410 – Salvador, BA
vozes.20@vozes.com.br

Livrarias Paulinas
Av. 7 de Setembro, 680 – São Pedro
Tel. 71 3329-2477 / 3329-3668
Fax 71 3329-2546
40060-001 – Salvador, BA
livsalvador@paulinas.com.br

• BRASÍLIA

Editora Vozes Ltda.
SCLR/Norte – Q. 704 – Bloco A nº 15
Tel. 61 3326-2436 | **Fax** 61 3326-2282
70730-516 – Brasília, DF
vozes.09@vozes.com.br

Livrarias Paulinas
SCS – Q. 05 / Bl. C – lojas 19/22 – Centro
Tel. 61 3225-9595 | **Fax** 61 3225-9219
70300-500 – Brasília, DF
livbrasilia@paulinas.com.br

- **CEARÁ**

Editora Vozes Ltda.
Rua Major Facundo, 730
Tel. 85 3231-9321 | **Fax** 85 3231-4238
60025-100 Fortaleza, CE
vozes.23@vozes.com.br

Livrarias Paulinas
Rua Major Facundo, 332
Tel. 85 3226-7544 / 3226-7398
Fax 85 3226-9930
60025-100 – Fortaleza, CE
livfortaleza@paulinas.com.br

- **ESPÍRITO SANTO**

Livrarias Paulinas
Rua Barão de Itapemirim, 216 – Centro
Tel. 27 3223-1318 / 0800-15-712
Fax 27 3222-3532
29010-060 – Vitória, ES
livvitoria@paulinas.com.br

- **GOIÁS**

Editora Vozes Ltda.
Rua Três, 291
Tel. 62 3225-3077 | **Fax** 62 3225-3994
74023-010 – Goiânia, GO
vozes.27@vozes.com.br

Livraria Alternativa
Rua 70 nº 124 – Setor Central
Tel. 62 3945-0260 / 3945-0261
62 3945-0262 / 3945-0265
Fax 62 3212-1035
74055-120 – Goiânia, GO
distribuidora@livrariaalternativa.com.br

Livrarias Paulinas
Av. Goiás, 636
Tel. 62 3224-2585 / 3224-2329
Fax 62 3224-2247
74010-010 – Goiânia, GO
livgoiania@paulinas.com.br

- **MARANHÃO**

Editora Vozes Ltda.
Rua da Palma, 502 – Centro
Tel. 98 3221-0715 | **Fax** 98 3222-9013
65010-440 – São Luís, MA
livrariavozes@terra.com.br

Livrarias Paulinas
Rua de Santana, 499 – Centro
Tel. 98 3232-3068 / 3232-3072
Fax 98 3232-2692
65015-440 – São Luís, MA
fspsaoluis@paulinas.com.br

- **MATO GROSSO**

Editora Vozes Ltda.
Rua Antônio Maria Coelho, 197A
Tel. 65 3623-5307 | **Fax** 65 3623-5186
78005-970 – Cuiabá, MT
vozes.54@vozes.com.br

- **MINAS GERAIS**

Editora Vozes Ltda.
Rua Sergipe, 120 – loja 1
Tel. 31 3048-2100 | **Fax** 31 3048-2121
30130-170 – Belo Horizonte, MG
vozes.04@vozes.com.br

Rua Tupis, 114
Tel. 31 3273-2538 | **Fax** 31 3222-4482
30190-060 – Belo Horizonte, MG
vozes.32@vozes.com.br

Rua Espírito Santo, 963
Tel. 32 3215-9050 | **Fax** 32 3215-8061
36010-041 – Juiz de Fora, MG
vozes.35@vozes.com.br

Livrarias Paulinas
Av. Afonso Pena, 2142
Tel. 31 3269-3700 | **Fax** 31 3269-3730
30130-007 – Belo Horizonte, MG
livbelohorizonte@paulinas.com.br

Rua Curitiba, 870 – Centro
Tel. 31 3224-2832 | **Fax** 31 3224-2208
30170-120 – Belo Horizonte, MG
gerencialivbelohorizonte@paulinas.com.br

- **PARÁ**

Livrarias Paulinas
Rua Santo Antônio, 278 – Bairro do Comércio
Tel. 91 3241-3607 / 3241-4845
Fax 91 3224-3482
66010-090 – Belém, PA
livbelem@paulinas.com.br

- **PARANÁ**

Editora Vozes Ltda.
Rua Pamphilo de Assumpção, 554 – Centro
Tel. 41 3333-9812 | **Fax** 41 3332-5115
80220-040 – Curitiba, PR
vozes.21@vozes.com.br

Rua Emiliano Perneta, 332 – loja A
Telefax 41 3233-1392
80010-050 – Curitiba, PR
vozes.64@vozes.com.br

Livrarias Paulinas
Rua Voluntários da Pátria, 225
Tel. 41 3224-8550 | **Fax** 41 3223-1450
80020-000 – Curitiba, PR
livcuritiba@paulinas.com.br

Av. Getúlio Vargas, 276 – Centro
Tel. 44 3226-3536 | **Fax** 44 3226-4250
87013-130 – Maringá, PR
livmaringa@paulinas.com.br

- **PERNAMBUCO, PARAÍBA, ALAGOAS, RIO GRANDE DO NORTE E SERGIPE**

Editora Vozes Ltda.
Rua do Príncipe, 482
Tel. 81 3423-4100 | **Fax** 81 3423-7575
50050-410 – Recife, PE
vozes.10@vozes.com.br

Livrarias Paulinas
Rua Duque de Caxias, 597 – Centro
Tel. 83 241-5591 / 241-5636 | **Fax** 83 241-6979
58010-821 João Pessoa, PB
livjpessoa@paulinas.com.br

Rua Joaquim Távora, 71
Tel. 82 326-2575 | **Fax** 82 326-6561
57020-320 – Maceió, AL
livmaceio@paulinas.com.br

Rua João Pessoa, 224 – Centro
Tel. 84 212-2184 | **Fax** 84 212-1846
59025-200 – Natal, RN
livnatal@paulinas.com.br

Rua Frei Caneca, 59 – loja 1
Tel. 81 3224-5812 / 3224-6609
Fax 81 3224-9028 / 3224-6321
50010-120 – Recife, PE
livrecife@paulinas.com.br

• RIO DE JANEIRO

Editora Vozes Ltda.
Rua 7 de Setembro, 132 – Centro
Tel. 21 2215-0110 | **Fax** 21 2508-7644
20050-002 – Rio de Janeiro, RJ
vozes.42@vozes.com.br

Rua Frei Luis, 100 – Centro
Tel. 24 2233-9000 | **Fax** 24 2231-4676
25669-900 – Petrópolis, RJ
vendas@vozes.com.br

Livrarias Paulinas
Rua 7 de Setembro, 81-A
Tel. 21 2232-5486 | **Fax** 21 2224-1889
20050-005 – Rio de Janeiro, RJ
livjaneiro@paulinas.com.br

Rua Dagmar da Fonseca, 45 – loja A/B – Madureira
Tel. 21 3355-5189 / 3355-5931
Fax 21 3355-5929
21351-040 – Rio de Janeiro, RJ
livmadureira@paulinas.com.br

Rua Doutor Borman, 33 – Rink
Tel. 21 2622-1219 | **Fax** 21 2622-9940
24020-320 – Niterói, RJ
livniteroi@paulinas.com.br

Zélio Bicalho Portugal Cia. Ltda.
Rua Marquês de S. Vicente, 225 – PUC
Prédio Cardeal Leme – Pilotis
Telefax 21 2511-3900 / 2259-0195
22451-041 – Rio de Janeiro, RJ

Centro Tecnologia – Bloco A – UFRJ
Ilha do Fundão – Cidade Universitária
Telefax 21 2290-3768 / 3867-6159
21941-590 – Rio de Janeiro, RJ
livrarialianca@prolink.com.br

Carga Nobre Livros Ltda.
Rua Marquês de São Vicente, 225 – Gávea
Tel. 21 2259-0195
22451-041 – Rio de Janeiro, RJ
cnlivros@terra.com.br

• RIO GRANDE DO SUL

Editora Vozes Ltda.
Rua Riachuelo, 1280
Tel. 51 3226-3911 | **Fax** 51 3226-3710
90010-273 – Porto Alegre, RS
vozes.05@vozes.com.br

Livrarias Paulinas
Rua dos Andradas, 1212 – Centro
Tel. 51 3221-0422 | **Fax** 51 3224-4354
90020-008 – Porto Alegre, RS
livpalegre@paulinas.com.br

• RONDÔNIA

Livrarias Paulinas
Rua Dom Pedro II, 864 – Centro
Tel. 69 3224-4522 | **Fax** 69 3224-1361
78900-010 – Porto Velho, RO
livportovelho@paulinas.com.br

• SANTA CATARINA

Editora Vozes
Rua Jerônimo Coelho, 308
Telefax 48 3222-4112
88010-030 – Florianópolis, SC
vozes.45@vozes.com.br

• SÃO PAULO

Distribuidora Loyola de Livros Ltda.
Vendas no Varejo
Rua Senador Feijó, 120
Telefax 11 3242-0449
01006-000 – São Paulo, SP
senador@livrarialoyola.com.br

Rua Barão de Itapetininga, 246
Tel. 11 3255-0662 | **Fax** 11 3231-2340
01042-001 – São Paulo, SP
loyola_barao@terra.com.br

Rua Quintino Bocaiúva, 234 – Centro
Tel. 11 3105-7198 | **Fax** 11 3242-4326
01004-010 – São Paulo, SP
atendimento@livrarialoyola.com.br

Editora Vozes Ltda.
Rua Senador Feijó, 168
Tel. 11 3105-7144 | **Fax** 11 3105-7948
01006-000 – São Paulo, SP
vozes.03@vozes.com.br

Rua Haddock Lobo, 360
Tel. 11 3256-0611 | **Fax** 11 3258-2841
01414-000 – São Paulo, SP
vozes.16@vozes.com.br

Rua dos Trilhos, 627 – Mooca
Tel. 11 2693-7944 | **Fax** 11 2693-7355
03168-010 – São Paulo, SP
vozes.37@vozes.com.br

Rua Barão de Jaguara, 1097
Tel. 19 3231-1323 | **Fax** 19 3234-9316
13015-002 – Campinas, SP
vozes.40@vozes.com.br

Livrarias Paulinas
Rua Domingos de Morais, 660 – Vila Mariana
Tel. 11 5081-9330 | **Fax** 11 5081-9366
04010-100 – São Paulo, SP
livdomingos@paulinas.com.br

Rua XV de Novembro, 71
Tel. 11 3106-4418 / 3106-0602
Fax 11 3106-3535
01013-001 – São Paulo, SP
liv15@paulinas.com.br

Av. Marechal Tito, 981 – São Miguel Paulista
Tel. 11 6297-5756 | **Fax** 11 6956-0162
08010-090 – São Paulo, SP
livsmiguel@paulinas.com.br

Empório Vértice – Edit. Distrib. de Livros Ltda.
Rua Achilles Orlando Curtolo, 467 – Pq. Industrial
Tel. 11 3393-1920 | **Fax** 11 3393-1954
11440-10 – São Paulo, SP

• PORTUGAL

Multinova União Liv. Cult.
Av. Santa Joana Princesa, 12 E
Tel. 00xx351 21 842-1820 / 848-3436
1700-357 – Lisboa, Portugal

Distribuidora de Livros Vamos Ler Ltda.
Rua 4 de infantaria, 18-18A
Tel. 00xx351 21 388-8371 / 60-6996
1350-006 – Lisboa, Portugal

Editora Vozes
Av. 5 de outubro, 23
Tel. 00xx351 21 355-1127
Fax 00xx351 21 355-1128
1050-047 – Lisboa, Portugal
vozes@mail.telepac.pt

Este livro foi composto nas famílias tipográficas
Novarese BT e *Andale Mono*
e impresso em papel *Offset 75g/m²*

FSC
www.fsc.org
MISTO
Papel produzido
a partir de
fontes responsáveis
FSC® C008008

Edições Loyola

editoração impressão acabamento

rua 1822 n° 341
04216-000 são paulo sp
T 55 11 3385 8500
F 55 11 2063 4275
www.loyola.com.br